黑板　立　粉

黑板前
先生立
持粉筆
寫白字

第一冊

初等小學學生用

教學記

周記本

商務印書館
创于1897
The Commercial Press

第一学期

第一冊 教音義

新書一冊。先生教。學生聽。先讀字音。後講字義。

單級國文教科書　第三冊　一　初等小學學生用

《单级国文教科书》

商务印书馆（1913）

庄适 郑朝熙 编纂　陈宝泉 等校订

第 1 周

星期一	
星期二	
星期三	
星期四	
星期五	
星期六	
星期日	

第2周

	星期一
	星期二
	星期三
	星期四
	星期五
	星期六
	星期日

第 3 周

星期一	
星期二	
星期三	
星期四	
星期五	
星期六	
星期日	

第4周

	星期一
	星期二
	星期三
	星期四
	星期五
	星期六
	星期日

第 5 周

星期一	
星期二	
星期三	
星期四	
星期五	
星期六	
星期日	

第 6 周

	星期一
	星期二
	星期三
	星期四
	星期五
	星期六
	星期日

第 7 周

星期一	
星期二	
星期三	
星期四	
星期五	
星期六	
星期日	

第8周

	星期一
	星期二
	星期三
	星期四
	星期五
	星期六
	星期日

第9周

星期一	
星期二	
星期三	
星期四	
星期五	
星期六	
星期日	

第 10 周

	星期一
	星期二
	星期三
	星期四
	星期五
	星期六
	星期日

第 11 周

星期一	
星期二	
星期三	
星期四	
星期五	
星期六	
星期日	

第 12 周

	星期一
	星期二
	星期三
	星期四
	星期五
	星期六
	星期日

第 13 周

星期一	
星期二	
星期三	
星期四	
星期五	
星期六	
星期日	

第 14 周

星期一

星期二

星期三

星期四

星期五

星期六

星期日

第 15 周

星期一	
星期二	
星期三	
星期四	
星期五	
星期六	
星期日	

第 16 周

	星期一
	星期二
	星期三
	星期四
	星期五
	星期六
	星期日

第 17 周

星期一	
星期二	
星期三	
星期四	
星期五	
星期六	
星期日	

第 18 周

星期一

星期二

星期三

星期四

星期五

星期六

星期日

第19周

星期一	
星期二	
星期三	
星期四	
星期五	
星期六	
星期日	

第 20 周

星期一

星期二

星期三

星期四

星期五

星期六

星期日

第 21 周

星期一	
星期二	
星期三	
星期四	
星期五	
星期六	
星期日	

第22周

	星期一
	星期二
	星期三
	星期四
	星期五
	星期六
	星期日

第23周

星期一	
星期二	
星期三	
星期四	
星期五	
星期六	
星期日	

第 24 周

	星期一
	星期二
	星期三
	星期四
	星期五
	星期六
	星期日

九 上學

睡得早

起得早

一早起來上學校

看見先生行個禮

先生說我早

先生說我好

《国语读本》

商务印书馆（1936）

国立编译馆 编辑

單級國文教科書　第二冊　一　初等小學學生、

第一

各　提　堂

小兄弟。小姊妹。各提書包。同入課堂。

《单级国文教科书》

商务印书馆（1913）

庄适 郑朝熙 编纂　陈宝泉 等校订

這是（　　）

這是（　　）

這是（　　）

這是（　　）

這是（　　）

這是（　　）

這是（　　）

這是（　　）

黃狗銜了一塊肉，走過小木橋。
看見水裏也有一隻狗，銜了一塊肉。
他想吃兩塊肉，向水裏一跳，
肉吃不着，爬也爬不起來了。

《复兴国语教科书》（初小用）
商务印书馆（1933）
沈百英 沈秉廉 编著　王云五 何炳松 校订

小學初級國語讀本第一冊目次

《国语读本》

商务印书馆（1936）

国立编译馆 编辑

第四十七課

朝 自 著 履 眠 鋪 當 箸 勤

好童子 能作事 朝起 自著衣履 夜眠 自鋪被褥 當食 自取盌箸 入學校 又能勤讀

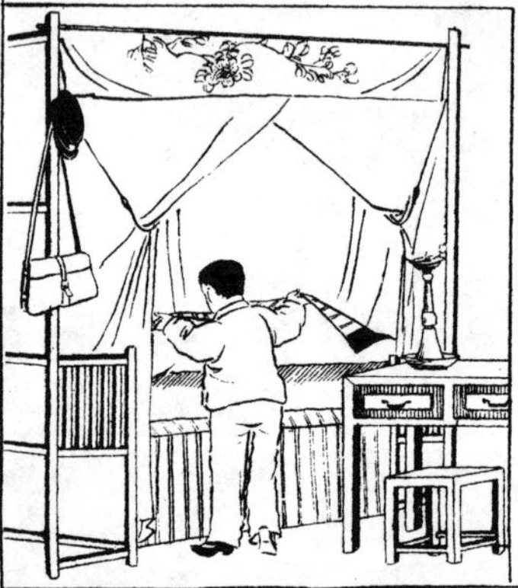

《共和国教科书新国文》(初小用)

商务印书馆(1912)

庄俞 沈颐 编纂　高凤谦 张元济 校

十四　滾鐵環

小朋友　滾鐵環
一會兒　滾得快
一會兒　滾得慢
一會兒　向右轉
一會兒　向左轉
滾來滾去真好玩

《国语读本》
商务印书馆（1936）
国立编译馆 编辑

四十 昨夜風聲鬧

昨夜風聲鬧，
耳朵裏只聽得呼呼地吼叫。
枝頭上的黃葉，不知刮下了多少？
他們趁着風到處飄，
落在庭院裏堆得高。
我站在階前只是呆瞧，
不想把落葉打掃，
因為天氣很冷，也讓大地加件棉襖。

《复兴国语课本》(初小用)
商务印书馆(1934)
陈伯吹 等编校

第九課

桂　徐　院

桂花已開

涼風徐來

滿院花香

《女子国文教科书》

商务印书馆（1912）

戴克敦 等编纂　高凤谦 张元济 校订

第九課

佳 如 畫

八月十五
中秋佳節
月明如畫

商務印書館印行

八 秋天的蟲聲

秋天多秋蟲，鳴聲都不同，
有的在牆角，有的在林中。
蟋蟀的聲音：唧唧居！唧唧唧居！
好像銀笛吹小曲。
紡織娘聲音大：梭拉拉！梭拉拉！
好像布廠裏紡棉紗。
金鈴子聲音清：丁令令！丁令令！
好像學校裏搖小鈴。

《复兴国语课本》（初小用）

商务印书馆（1934）

陈伯吹 等编校

二十三　愛菊花精神好

公園裏，草黃了，樹木都落了葉，只有菊花開得很茂盛。遠遠望去，一塊黃，一塊白，一塊紅，一塊紫，十分美麗。好像用彩色的紙，包着許多糖果，一盤一盤的擺着。

媽媽問：「你們愛菊花嗎？」

秋妹說：「我愛。」

媽媽又問：「愛他甚麼？」

秋妹說：「我愛他美麗。」

春姐說：「不，我也愛菊花，卻愛他精神好。他不怕寒冷，耐得風霜，別的花草都枯萎死了，只有他開着花朵。」

媽媽聽了，點一點頭說：「不錯，不錯！」

《复兴国语课本》（初小用）

商务印书馆（1934）

陈伯吹 等编校

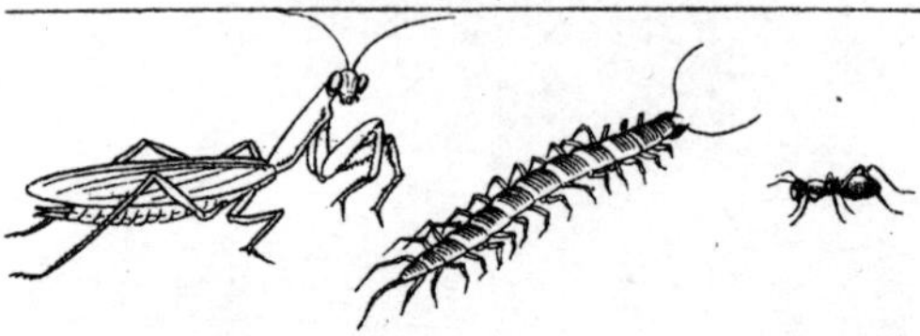

可敬的小螞蟻，
他們住在一起，
一個向東，
大家向東；
一個向西，
大家向西。
不怕蜈蚣欺，
不怕螳螂欺。

《复兴国语课本》（初小用）
商务印书馆（1934）
陈伯吹 等编校

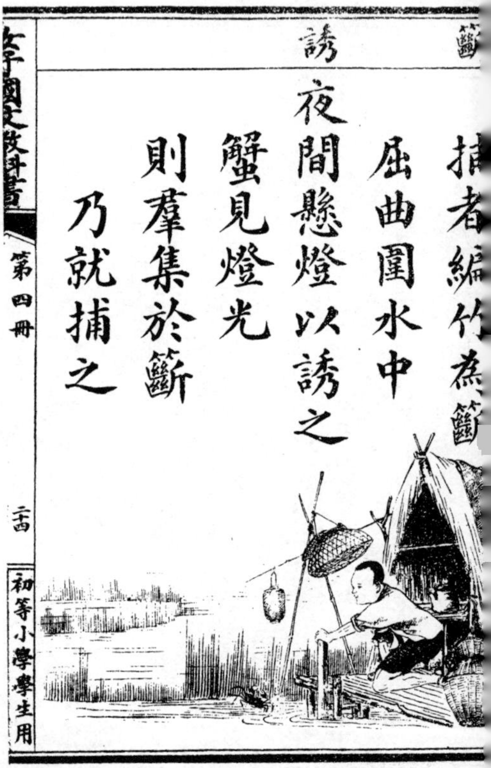

籪　誘

捕者編竹為籪
屈曲圍水中
夜間懸燈以誘之
蟹見燈光
則羣集於籪
乃就捕之

女子國文教科書　第四冊　二十四　初等小學學生用

《女子国文教科书》
商务印书馆（1912）
戴克敦 等编纂　高凤谦 张元济 校订

堅　臍　團　交　肥

第三十一課　捕蟹

蟹殼圓而堅
臍尖者為雄
臍團者為雌
秋冬之交
蟹漸肥大

新學制國語教科書 第一冊 二十三 小學校初級用

公雞唱一唱
早上天要亮
公雞唱兩唱
天上出太陽
公雞唱三唱
太陽在屋上

公 雞 天 亮 屋

《新学制国语教科书》（初小用）

商务印书馆（1925）

吴研因 等编纂　高梦旦 等校订

第四十課

爐　燒炭　煖

案旁有爐
爐中燒炭
炭火漸紅
一室温煖

《女子国文教科书》

商务印书馆（1912）
戴克敦 等编纂　高凤谦 张元济 校订

第四十課

霜　瓦　未眠

今夜天寒
濃霜滿瓦
母縫寒衣
夜半未眠

商務印書館印行

屢　降　曝俟醃鹽　甕　猶

第三十六課　醃菜

寒霜屢降　園菜漸肥　取而曝之　俟略乾　置缸中　醃以鹽　旬餘　便可取食　若藏之於甕　泥封其口　則留至明年春夏間　猶可食也

商務印書館印行

《女子国文教科书》
商务印书馆（1912）
戴克敦 等编纂　高凤谦 张元济 校订

第十八課

重哥登亭 以望遠

九月九 重陽節
哥哥妹妹
同去登高
一小亭 在山上
四面開窗
可以望遠

商務印書館印行

《共和国教科书新国文》（初小用）

商务印书馆（1912）

庄俞 沈颐 编纂　高凤谦 张元济 校

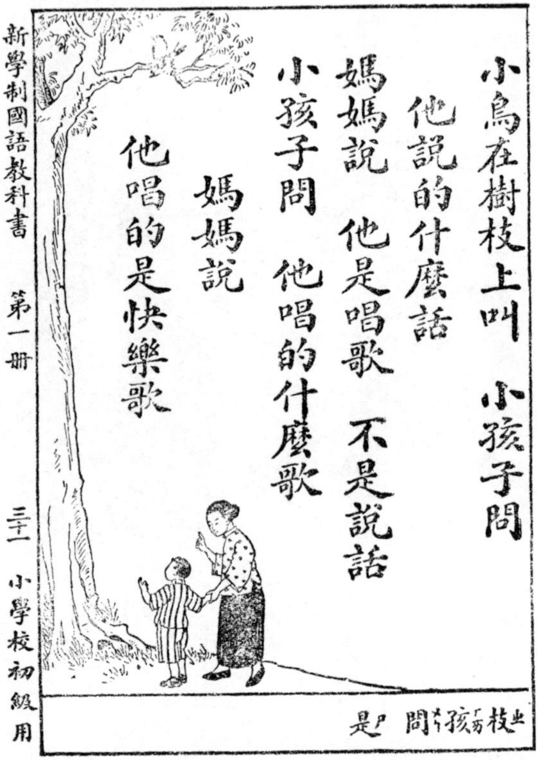

新學制國語教科書　第一冊

小鳥在樹枝上叫　小孩子問

他說的什麼話

媽媽說　他是唱歌　不是說話

小孩子問　他唱的什麼歌

媽媽說

他唱的是快樂歌

枝ㄓ　孩ㄏㄞ　問ㄨㄣ　是ㄕ

三十一　小學校初級用

《新学制国语教科书》(初小用)

商务印书馆(1925)

吴研因 等编纂　高梦旦 等校订

第四十二課

鄉　久未　居無信封問安否

我長兄　在他鄉

年年作客　久未歸家

我居家中　思兄無已

寫信一封　問兄安否

商務印書館印行

《共和国教科书新国文》（初小用）

商务印书馆（1912）

庄俞 沈颐 编纂　高凤谦 张元济 校

二十 飛到水裏都不見

一片一片又一片
兩片三片四五片
六片七片八九片
飛滿地　飛滿天
飛到水裏都不見

《国语读本》

商务印书馆（1936）

国立编译馆 编辑

第十五

線　側　縫

竹几上

有鍼。有線。

有尺。

有剪刀。

母親坐几側。

爲我縫衣。

《单级国文教科书》
商务印书馆（1913）
庄适 郑朝熙 编纂　陈宝泉 等校订

第十四

醒　披　下　至　帚　拂　塵

天方明。人已醒。披衣下牀。至窗前。取帚拂塵。取布拭几。

第四十九課

雪　亂　樓　片

北風大起
雪花亂飛
登樓遠望
一片白色

女子國文教科書

商務印書館印行

《女子国文教科书》

商务印书馆（1912）

戴克敦 等编纂　高凤谦 张元济 校订

《最新国文教科书》
商务印书馆（1904）
蒋维乔 庄俞 编纂　高凤谦 张元济 校订

曉樹 推望 霞彩未幾 聲漸

第六課 曉日

天初曉 鳥啼樹間

披衣下牀 推窗一望

東方已白 紅日上升

流霞成彩 未幾霞散

日光射入室中 鳥聲漸少

第四十六課 雪

冬日嚴寒
北風忽起
白雲滿天
林間羣雀

商務印書館印行

《女子国文教科书》

商务印书馆（1912）

戴克敦 等编纂　高凤谦 张元济 校订

滑 扶 杖 仆 巾 代 送

第五課 敬老

雪初止。路中泥滑。有老人。扶杖獨行。失足仆地。一童子趨而扶之。既起。取巾代拭衣履。問其所居。送之歸家。

第六課 借傘

《共和国教科书新国文》（初小用）

商务印书馆（1912）

庄俞 沈颐 编纂　高凤谦 张元济 校

堆　肢臃腫趺僧頃消瘦化

大雪之後，庭中積雪數寸。羣兒堆雪作人形，目張，口開，肢體臃腫，趺坐如僧。有頃，日出，雪人消瘦，漸化為水矣。

《共和国教科书新国文》（初小用）

商务印书馆（1912）

庄俞 沈颐 编纂　高凤谦 张元济 校

二十二 梅花和竹葉

小黃狗在雪地上跑
姊姊說
妹妹 你看
小黃狗會畫梅花
大公雞在雪地上走
妹妹說
姊姊 你看
大公雞會畫竹葉

《国语读本》
商务印书馆（1936）
国立编译馆 编辑

元 旦 即 換 集 於 拜 賀 禮

第一課 賀年

正月初一日 是名元旦

天明即起 家中姊妹

各換新衣 集於堂前

拜見父母 行賀年之禮

第三冊 一 初等小學學生用

《女子国文教科书》

商务印书馆（1912）

戴克敦 等编纂　高凤谦 张元济 校订

十九　新年到了

新年到了
媽媽說　小明
你今年幾歲
小明說　六歲
媽媽搖搖頭
小明說
知道了　知道了
我去年六歲
今年七歲了

國語　58

《国语读本》

商务印书馆（1936）

国立编译馆 编辑

第七

梅盛　折　插瓶　供案

梅花盛開。我折兩枝。插瓶中。供案上。

《单级国文教科书》

商务印书馆（1913）

庄适 郑朝熙 编纂　陈宝泉 等校订

第三十

玻瓈缸　金尾　欲　逐

玻瓈缸中。金魚兩尾。小貓來。欲食魚。我入室。逐貓去。

《单级国文教科书》
商务印书馆（1913）
庄适 郑朝熙 编纂　陈宝泉 等校订

第二十九

兒 歸 解 攜

一小兒。放學歸。母立門前。為兒解書包。攜兒入室。

新年裏，妹妹弟弟，
坐在窗前，一同談笑。
弟弟說：「一鞠躬，雙橘紅。」
妹妹說：「行敬禮，吃大梨。」
弟弟又說：「有禮貌，吃香蕉。」
妹妹說不下，雙手掩着臉兒笑。

《复兴国语课本》(初小用)
商务印书馆(1934)
陈伯吹 等编校

目 录

王阳明先生《训蒙大意》的解释

陈独秀

古之教者，教以人伦。后世记诵词章之习起，而先王之教亡。

先生这几句话的意思，是说古时候教人的道理，是要教人去实行那忠、孝、节、义，才算是尽了人伦，才算是一个人。后来教人的法子，是专门教人抱着几本古书，闭了眼睛乱念，并不知道讲究书里所说的道理，教学生照样去做。照这个样子，就是书念得极多，又记得极熟，到底有什么用处呢！或者专门教学生作文章，就是文章作得刮刮叫，还是不能够实实在在做忠、孝、节、义的事，这也算得是一个人么！先生深恨后世教育的主义，专重在熟读古书、作好文章去应考，混那功名富贵，把古圣贤教人实行忠、孝、节、义的大道理，反丢在九霄云外。所以起首就提出这几句话，是说破后世教育的病根哩！

> 今教童子，惟当以孝、弟、忠、信、礼、义、廉、耻为专务。

这几句话，是先生教人的大主义，和后世专门教人念书作文章的，大不相同。孝是孝敬父母，弟是爱敬弟兄，忠是尽忠报国，信是心口如一不肯欺人，礼是遇事有礼不侵害他人，义是待人公道自守本分，廉是不取非义之财，耻是真心学好不做不如人的事。做童子的时候，便专门把这些道理教训他。根基培稳，长大成人，自然是有用的国民了。

> 其栽培涵养之方，则宜诱之歌诗，以发其志意；导之习礼，以肃其威仪；讽之读书，以开其知觉。今人往往以歌诗、习礼为不切时务，此皆末俗庸鄙之见，乌足以知古人立教之意哉？

这几句话，是先生教育的方法。歌诗是最容易感动人的，礼仪也是很可以训练人的，读书听诗也可以开人的知识。所以先生用这三样法子教育童子。俗人不以歌诗、习礼为重，便失了古人立教的本意。这也是先生痛恨当时的人，不知道培养童子的德性，开发童子的知觉，专门记书作文的弊病。现在各国小学堂的功课，都有音乐、体操两项，正合先生歌诗、习礼两项，用意相同。我中国学堂里的教习，都把音乐、体操当作无关紧要的学问，这才正是先生所骂的末俗庸鄙之见哩。

> 大抵童子之情，乐嬉游而惮拘检，如草木之始萌芽，舒畅之则条达，摧挠之则衰痿。今教童子，必使其趋向鼓舞，中心喜悦，则其进自不能已。譬之时雨春风，沾被卉木，莫不萌动发越，自然日长月化。若冰霜剥落，则生意萧索，日就枯槁矣。

先生这几句话，是管理童子的法子。小孩子性情活泼，没受惯拘束，像初生的草木一般。别要压制他，顺着他的性子，他自然会生长发达起来，若是压制拘束狠了，他便不能够生长。所以教育小孩子，也要像栽培草木一样，不可压制拘苦了他，要叫他心中时常快乐，自己自然晓得学好。这便和草木得了春风时雨一般，自然生机日发；和那秋天迫害草木的霜雪，效验真是大不相同了。先生这样管理童子的方法，世上迂腐老先生，多半不以为然。不知天地间无论何事，都是能自由才能发达，勉强压制，才是有害无益。自由发达，才是他自己真发达。勉强压制，就是他能够照你的话去做，也和机器一般，不过是听人调动罢了。西洋大教育家，有一个名叫斐司塔尔基的，他尝说道："教育童子，总要顺着他的性情才好，设种种方法，惹起他的欢悦心，使他乐于受教。然后施以合宜之教育，才能够开发他固有的智能。"他这几句话，便合阳明先生的意见，正是一个鼻子孔出气。可见无论古今中外，道理总是一样。只是西洋、日本各国，都遵守斐司塔尔基的方法。幼稚园和小学堂里，都重在游戏教育法，设出种种的法子一面和他游戏，一面就是教他学问。叫小孩子个个欢天喜地，情愿受教，没有一个肯逃学的。所以他们国里教育大兴，人才日出。我中国几百年前，就有了阳明先生这等教育好法子，只是埋没了几百年，无人去理他的话。所以弄得教育童子的方法，就像冰霜剥落草木一般，一毫生意也没有。人才如何能发达呢？

故凡诱之歌诗者，非但发其志意而已，亦所以泄其跳号呼啸于咏歌，宣其幽抑结滞于音节也。

这几句话是说，教学生唱歌的道理。不但歌里的辞话，可以鼓动学生的志气，而且儿童的活泼性子，可以藉此养成。儿童忧闷呆滞的光景，也可以藉此解脱。先生这样的意思，正和西人引诱儿童快乐主义，是一鼻孔出气了。你看中国现在教书的先生，待学生如同阎王待小鬼一般，百方压制，百方威吓，终日拘在学屋里咿咿唔唔，不许丝毫活动，弄得那柔弱的儿童，便和八十岁的老寡妇一般；刚强的一出学堂门，便和野马一般。哪里还有一点优美活泼的少年气象呢？

> 导之习礼者，非但肃其威仪而已，亦所以周旋揖让而动荡其血脉，拜起屈伸而固束其筋骸也。

这几句话，是说教儿童习礼的缘故。不但礼的仪节，可以令儿童整齐严肃，而且可以运动身体，调和血脉，坚强筋骨。照这样说起来，又和现在的体操正对了。你看那兵式体操的起坐进退，无论多少人，都是遵从一样的号令，节奏井然，丝毫不乱。那般整齐严肃，正合古人习礼的精神，一般一样。至于那柔软体操和器械体操，正是运动身体，调和血脉，坚强筋骨，更是不消说的了。现在西洋的教育，分德育、体育、智育三项。德国、日本的教育，格外看重在体操。我中国的教育，自古以来，专门讲德育，智育也还稍稍讲究，唯有体育一门，从来没人提倡（射、御虽是体育，但也没人说明），以致全国人斯文委弱，奄奄无生气，这也是国促种弱的一个原因。阳明先生教育主义，却这样注重操练身体，真算是中国古代教育家的特色了。

讽之读书者，非但开其知觉而已，亦所以沉潜反复而存其心，抑扬讽诵以宣其志也。

这几句话，是说教儿童念书的道理。不但是要开他的智慧，并要培养他的心地，扶植他的志气。这也是先生生平重德行、轻才智的宗旨。后世的人，往往有读书万卷，所行所为，还是天良丧尽。文辞才华，可以取功名富贵，而气节品行，一毫也不讲究。甚至于天天读理学书、挂道学招牌，却是问起他的心地来，还是一个卑鄙龌龊的小人。这都是只知道读诗书开知觉，不知道存良心重志气的缘故哩。

凡此皆所以顺导其志意，调理其性情，潜消其鄙吝，默化其粗顽，日使之渐于礼义而不苦其难，入于中和而不知其故。是盖先王立教之微意也。

按志意性情，是教育儿童顶要紧的事。先生说顺导、说调理，都是说要顺着儿童原来的性情志意，渐渐地培养他的长处，警戒他的短处。鄙吝粗顽，都是顶坏的性质。先生教育主义，却不是雷厉风行，责备儿童不许有这种性质，乃说潜消、说默化。可见先生的教法，全用顺性开导的主义，和后世压制拘禁的手段不同。原来儿童的性质，也和水性一般。大禹治水的法子，只是顺着水性疏通下去。丹朱治水，乃是逆着水性，专门用那防遏禁压手段，所以洪水越发放滥不止。训练儿童的性情志意，也是如此。

> 若近世之训蒙稚者，日惟督以句读课仿，责其检束，而不知导之以礼；求其聪明，而不知养之以善；鞭挞绳缚，若待拘囚。彼视学舍如囹狱而不肯入，视师长如寇仇而不欲见，窥避掩覆以遂其嬉游，设诈饰诡以肆其顽鄙，偷薄庸劣，日趋下流。是盖驱之于恶，而求其为善也，何可得乎？

这几句话，是说只知道教儿童念书作文章，不训练他的品行，还有捆打辱骂种种野蛮的法子，以致儿童看学堂和监牢一般，看先生和仇人一般。像这样不但学生万不能得益，而且廉耻丧尽，养成一种诡诈庸劣的下流性质哩。

> 凡吾所以教，其意实在于此。恐时俗不察，视以为迂。且吾亦将去，故特叮咛以告。尔诸教读，其务体吾意，永以为训，毋辄因时俗之言，改废其绳墨，庶成蒙以养正之功矣。念之念之。

这几句话是先生劝人莫随俗见，要改良教育的意思。

王阳明（1472—1529），名守仁，字伯安，别号阳明。浙江绍兴府余姚县（今属宁波余姚）人，明代著名的思想家、文学家、哲学家和军事家，陆王心学之集大成者，精通儒家、道家、佛家。弘治十二年（1499）进士，官至南京兵部尚书、都察院左都御史。曾平定宸濠之乱。谥文成。继承陆九渊强调“心即是理”之思想，陆王心学集大成者，提倡“致良知”，强调“知行合一”。有《王文成公全书》。《训蒙大意》一文集中体现了王阳明的教育思想。

陈独秀（1879—1942），原名庆同，字仲甫。安徽怀宁（今属安庆）人。“新文化运动”的倡导者之一，中国共产党的创始人和早期的主要领导人之一。1915 年在上海创立并主编《青年杂志》（后改名《新青年》），所撰发刊词《敬告青年》一文，成为“新文化运动”的宣言书。曾任北京大学文科学长并教授文学。1918 年和李大钊合办《每周评论》杂志。晚年研究文字学，著有《小学识字教本》，主要著作收入《独秀文存》《陈独秀文章选编》《陈独秀思想论稿》《陈独秀著作选编》等。

趣味教育与教育趣味

梁启超

一

假如有人问我："你信仰的什么主义？"我便答道："我信仰的是趣味主义。"有人问我："你的人生观拿什么做根底？"我便答道："拿趣味做根底。"我生平对于自己所做的事，总是做得津津有味，而且兴会淋漓；什么悲观咧厌世咧这种字面，我所用的字典里头，可以说完全没有。我所做的事，常常失败——严格的可以说没有一件不失败——然而我总是一面失败一面做；因为我不但在成功里头感觉趣味，就在失败里头也感觉趣味。我每天除了睡觉外，没有一分钟一秒钟不是积极的活动；然而我绝不觉得疲倦，而且很少生病；因为我每天的活动有趣得很，精神上的快乐，补得过物质上的消耗而有余。

趣味的反面，是干瘪，是萧索。晋朝有位殷仲文，晚年常郁郁不乐，指着院子里头的大槐树叹气，说道："此树婆娑，生意尽矣。"一棵新栽的树，欣欣向荣，何等可爱！到老了之后，表面上虽然很婆娑，骨子里生意已尽，算是这一期的生活完结了。殷仲文这两句话，是用很好的文学技能，表出那种颓唐落寞的情绪。我以为这种情绪，是再坏没有的了。无论一个人或一个社会，倘若被这种情绪侵入弥漫，这个人或这个社会算是完了，再不会有长进。何止没长进？什么坏事，都要从此产育出来。总而言之，趣味是活动的源泉，趣味干竭，活动便跟着停止。好像机器房里没有燃料，发不出蒸汽来，任凭你多大的机器，总要停摆。停摆过后，机器还要生锈，产生许多毒害的物质哩！人类若到把趣味丧失掉的时候，老实说，便是生活得不耐烦，那人虽然勉强留在世间，也不过行尸走肉。倘若全个社会如此，那社会便是痛病的社会，早已被医生宣告死刑。

二

"趣味教育"这个名词，并不是我所创造，近代欧美教育界早已通行了。但他们还是拿趣味当手段，我想进一步，拿趣味当目的。简单说一说我的意见。

第一，趣味是生活的原动力，趣味丧掉，生活便成了无意义，这是不错。但趣味的性质，不见得都是好的。譬如好嫖好赌，何尝不是趣味？但从教育的眼光看来，这种趣味的性质，当然是不好。所谓好不好，并不必拿严酷的道德论做标准。既已主张趣味，便要求趣味的贯彻，倘若以有趣始以没趣终，那么趣味主义的精神，算完全崩落了。《世说新语》记一段故事："祖约性好财，阮孚性好屐，同是累而未判得失。有诣约，见正料量财物，客至屏当不尽，余两小簏，以著背后，倾身障之，意未能平；或有诣孚，正见自蜡屐，因叹曰：'未知一生当着几緉屐。'意甚闲畅。于是胜负始分。"这段话，很可以作为选择趣味的标准。凡一种趣味事项，倘或是要瞒人的，或是拿别人的苦痛换自己的快乐，或是快乐和烦恼相间相续的，这等统名为下等趣味。严格说起来，他就根本不能做趣味的主体。因为认这类事当趣味的人，常常遇着败兴，而且结果必至于俗语说的"没兴一齐来"而后已，所以我们讲趣味主义的人，绝不承认此等为趣味。人生在幼年青年期，趣味是最浓的，成天价乱碰乱迸；若不引他到高等趣味的路上，他们便非流入下等趣味不可。没有受过教育的人，固然容易如此；教育教得不如法，学生在学校里头找不出趣味，然而他们的趣味是压不住的，自然会从校课以外乃至校课反对的方向去找他的下等趣味；结果，他们的趣味是不能贯彻的，整个变成没趣的人生完事。我们主张趣味教育的人，是要趁儿童或青年趣味正浓而方向未决定的时候，给他们一种可以终身受用的趣味。这种教育办得圆满，能够令全社会整个永久是有趣的。

第二，既然如此，那么教育的方法，自然也跟着解决了。教育家无论多大能力，总不能把某种学问教通了学生，只能令受教的学生感着某种学问的趣味，或者学生对于某种学问原有趣味，教育家把他加深加厚。所以教育事业，从积极方面说，全在唤起趣味；从消极方面说，要十分注意不可以摧残趣味。摧残趣味有几条路，头一件是注射式的教育。教师把课本里头的东西叫学生强记，好像嚼饭给小孩子吃，那饭已经是一点儿滋味没有了，还要叫他照样的嚼几口，仍旧吐出来看。那么，假令我是个小孩子，当然会认吃饭是一件苦不可言的事了。这种教育法，从前教八股完全是如此，现在学校里形式虽变，精神却还是大同小异，这样教下去，只怕永远教不出人才来。第二件是课目太多。为培养常识起见，学堂课目固然不能太少；为恢复疲劳起见，每日的课目固然不能不参错掉换。但这种理论，只能为程度的适用；若用得过分，毛病便会发生。趣味的性质，是越引越深。想引得深，总要时间和精力比较的集中才可。

若在一个时期内，同时做十来种的功课，走马看花，应接不暇，初时或者惹起多方面的趣味，结果任何方面的趣味都不能养成。那么，教育效率，可以等于零。为什么呢？因为受教育受了好些时，件件都是在大门口一望便了，完全和自己的生活不发生关系，这教育不是白费吗？第三件是拿教育的事项当手段。从前我们学八股，大家有句通行话说他是“敲门砖”，门敲开了自然把砖也抛却，再不会有人和那块砖头发生起恋爱来。我们若是拿学问当作敲门砖看待，断乎不能有深入而且持久的趣味。我们为什么学数学，因为数学有趣所以学数学；为什么学历史，因为历史有趣所以学历史；为什么学画画，学打球，因为画画有趣打球有趣所以学画画学打球。人生的状态，本来是如此，教育的最大效能，也只是如此。各人选择他趣味最浓的事项做职业，自然一切劳作，都是目的，不是手段，越劳作越发有趣。反过来，若是学法政用来作做官的手段，官做不成怎么样呢？学经济用来作发财的手段，财发不成怎么样呢？结果必至于把趣味完全送掉。所以教育家最要紧教学生知道是为学问而学问，为活动而活动。所有学问，所有活动，都是目的，不是手段，学生能领会得这个见解，他的趣味，自然终身不衰了。

三

以上所说，是我主张趣味教育的要旨。既然如此，那么在教育界立身的人，应该以教育为唯一的趣味，更不消说了。一个人若是在教育上不感觉有趣味，我劝他立刻改行，何必在此受苦？既已打算拿教育做职业，便要认真享乐，不辜负了这里头的妙味。

孟子说，“君子有三乐，而王天下不与存焉”，那第三种就是“得天下英才而教育之”。他的意思是说教育家比皇帝还要快乐。他这话绝不是替教育家吹空气，实际情形，确是如此。我常想：我们对于自然界的趣味，莫过于种花；自然界的美，像山水风月等等，虽然能移我情，但我和他没有特殊密切的关系，他的美妙处，我有时便领略不出；我自己手种的花，他的生命和我的生命简直并合为一；所以我对着他，有说不出来的无上妙味。凡人工所做的事，那失败和成功的程度都不能预料；独有种花，你只要用一分心力，自然有一分效果还你，而且效果是日日不同，一日比一日进步。教育事业正和种花一样：教育者与被教育者的生命是并合为一的；教育者所用的心力，真是俗语说的“一分钱一分货”，丝毫不会枉费。所以我们要选择趣味最真而最长的职业，再没有别样比得上教育。

现在的中国，政治方面，经济方面，没有那件说起来不令人头痛；但回到我们教育的本行，便有一条光明大路，摆在我们前面。从前国家托命，靠一个皇帝，皇帝不行，就望太子；所以许多政论家——像贾长沙一流都最注重太子的教育。如今国家托命是在人民，现在的人民不行，就望将来的人民。现在学校里的儿童青年，个个都是“太子”，教育家便是“太子太傅”。据我看，我们这一代的太子，真是“富于春秋典学光明”，这些当太傅的，只要“鞠躬尽瘁”，好生把他培养出来，不愁不眼见中兴大业。所以别方面的趣味，或者难得保持，因为到处挂着“此路不通”的牌子，容易把人的兴头打断。教育家却全然不受这种限制。

教育家还有一种特别便宜的事，因为“教学相长”的关系，教人和自己研究学问是分离不开的。自己对于自己所好的学问，能有机会终身研究，是人生最快乐的事，这种快乐，也是绝对自由，一点不受恶社会的限制。做别的职业的人，虽然未尝不可以研究学问，但学问总成了副业了；从事教育职业的人，一面教育，一面学问，两件事完全打成一片。所以别的职业是一重趣味，教育家是两重趣味。

孔子屡屡说“学而不厌，诲人不倦”，他的门生赞美他说：“正唯弟子不能学也。”一个人谁也不学？谁也不诲人？所难者确在不厌不倦。问他为什么能不厌不倦呢？只是领略得个中趣味，当然不能自已。你想：一面学，一面诲人，人也教得进步了，自己所好的学问也进步了，天下还有比他再快活的事吗？人生在世数十年，终不能一刻不活动。别的活动，都不免常常陷在烦恼里头，独有好学和好诲人，真是可以无入而不自得，若真能在这里得了趣味，还会厌吗？还会倦吗？孔子又说："知之者不如好之者，好之者不如乐之者。"诸君都是在教育界立身的人，我希望更从教育的可好可乐之点，切实体验，那么，不唯诸君本身得无限受用，我们全教育界也增加许多活气了。

梁启超（1873—1929），字卓如、任甫，号任公，别号饮冰室主人，广东新会人。近代著名政治活动家、启蒙思想家、教育家、史学家和文学家。近代资产阶级改良派代表人物，戊戌变法（百日维新）领袖之一。学术研究涉猎广泛，在哲学、文学、史学、经学、法学、伦理学、宗教学等领域均有建树。著述宏富，辑为《饮冰室合集》。

为什么要注重叙事文字

梁启超

前几天接校长的信，叫我替本校文学会作一次讲演。文学会所要求者，谅来是纯文学方面的讲题，但我对应用文学方面有点意见。觉得是现在中学教育上很重要的问题，所以趁这机会陈述大概，和教员学生们讨论讨论。至于纯文学的讲题，过几天若有机会，或者再和诸君聚谈一回也可以。

应用文的分类，大约不出议论之文和记述之文两大部门。通俗一点说，就是论事文和叙事文。论事文和叙事文孰为重要，学起来孰难孰易，这些问题，各人有各人的看法，姑且不细讨论。但现在学校中作文一科，所作者大率偏重论事文，我以为是很不对的。因为这种教法，在文章上不见得容易进步，而在学术上德性上先已生出无数恶影响来。

学校专教作论事文，全是中了八股策论的余毒。从前科举时代，聚了成千数万人在一个考场里头，限着一定时刻叫他们作几篇文章。文章的种类，或者在“四书五经”里拈出一句或一节作题目，叫人敷衍成几百字，便是八股。或者出个题目说某项国家大事应该如何办法，叫人发一套议论，便是策。又或者把历史上某个人某件事叫人批评一番，便是论。这种考试法，行了一千几百年，不知坑陷了几多人。不幸现在的学校，顽的依然是那一套，虽形式稍变，而精神仍丝毫无别。不过把“四书”语句的题目改成时髦学说的题目，例如从前是“学而时习之，不亦说乎”，现在却改成“学问之趣味”；从前是“言忠信行笃敬”，现在却改成“克己与自治”。又或把从前“万言策”或《东莱博议》的论文改为现在的政治谈人物评，例如从前的“复井田议”，现在改为“土地国有论”；从前的“边防策”，现在改为“国耻纪念感言”；从前的“管仲论”“范增论”，现在改为“华盛顿论”“列宁论”等等。

这种教作文法，可以生出以下各项毛病：

第一，奖励剿说。从前是把孔夫子的话敷衍成文，现在是把教科书或教师平日所讲的话敷衍成文，句句都说得对，却没有一句是自己的。因为句句都对，教师便不能不给他浓圈密点，不能不多给他分数。作者也忘了形，真以为自己发现什么真理了。

第二，奖励空疏及剽滑。作这些说空理发空论的文章，并不要什么正确资料为基本，所以不必要有什么精深的研究。或者好研究的人，倒不如浮光掠影之谈说出来反加流利。所以作惯这种文章的人，结果会变成北京里堕落的旗人子弟，说话十分漂亮，很像通达正理，肚里却一毫经纬没有。

第三，奖励轻率。凡判断一项事理，提出一种主张，岂是容易的事。不知要经多少方面的客观考察，历多少次曲折的试验，才着得一点真知灼见。在纸片上发空谈，一若天下事指顾可定，说起来花团锦簇，却是不许人质驳，唐宋以来的文家，大率如此。青年时代作惯了这种文，便养成视事太易的心理。将来做起事来，便会轻躁不踏实。

第四，奖励刻薄及不负责任。一人有一人的环境，一事有一事的曲折，所以对于人与事的批评是很不容易的。像现在国文读本里头最通行的什么“管仲论”“范增论”等等，开口便说“我若是他便怎样办怎样办”，其实和那时候的时势事实全不相应，说的都是风凉话。青年学惯了这种文，便只会挑剔别人是非，一面却使自己责任心薄弱，不问做得来做不来的事一味瞎吹瞎说。

第五，奖励偏见。会作八股策论的人，若要出奇制胜，最妙是走偏锋，作翻案文字。这种作法，一方面可以矫正剿说的毛病，但一面却去养成强词夺理的习惯。

专喜欢改变客观的事情来就自己的偏见，结果也会养成一个刚愎乖谬的人。

第六，奖励虚伪。总而言之，现在学校里这类国文功课，学生并没有什么新理经自己发明要说出来，教师却出一个题目叫他说这种道理；学生并没有什么真感情、真议论一定要发泄，教师也指定一个题目像榨油似的去榨出的感情议论。学生为分数起见，只好跟着混。你要我论辩，我便信口开河；你要我抒情，我便声随泪下。结果变成粉墨登场的戏子，底面判然两人了。

以上这些话，或者有人疑我说得太过火，其实不然。学校里功课虽有多种，大率都是“受”的——先生给他的，求所谓自动的自发的，就只作文一课成分最多，——最少中国现在学校是如此，——在作文课内养成这种种恶习惯，焉能不说是教育界膏肓之病。宋明以来，士大夫放言高论，空疏无真，拘墟执拗，叫嚣乖张，酿成国家社会种种弊害，大半由八股策论制造出来，久已人人公认了。现在依然是换汤不换药，凡有活动能力的人都从学校出，凡在学校里总经过十几年这种奖励，奖励偏见，奖励虚伪的教育，养成不健全的性格。他日到社会做事，不知不觉一一映现在一切行为上来。国家和社会之败坏，未始不由于此。

我并不说论事文不该学作，论事文可以磨炼理解力、判断力，如何能绝对排斥？但我以为不要专作，不要命作，不要速作。等到学生对于某一项义理，某一件事情，某一个人物确有他自己的见解，——见解对不对倒不必管，——勃郁于中，不能不写出来，偶然自发的作一两篇，那么，便得有作论事文的益处而无其流弊了。

然则学校所教的最重要是那一类文呢？我以为莫如叙事文，学作叙事文的好处如下：

第一，有一定的客观事实为范围，不能凭空构造或增减敷衍虚伪的话，一句也插不上去。令学者常常注精力于客观事物的观察，自然会养成重实际的习惯，不喜欢说空话。

第二，事实的资料，是要费力去搜罗得来的。从哪里才可以得着资料，也有种种途径。因此可以令学者磨炼出追求事物的智慧并养成耐烦性。

第三，事实搜齐之后，如何才能组织成篇，令人一目了然，而且感觉叙述之美，这里头很费工夫。因此令学者可以练习对于客观事物之分析综合，磨出缜密的脑筋，又可以学成一种组织的技能。

第四，凡一件事无论大小，总有各部分的相互关系和时间的经过变迁，能留心忠实考察一番写得出来，自然对于这件事的真相及其因果利病完全了解。因此可以得着治事的智慧，将来应用到自己所做的事增加许多把握。

学作叙事文的主要好处如此，还有许多附带的好处，我一时说不尽了。（略有删节）

师范生应有之观念

陶行知

鄙人承贵两校之嘱，来与诸君畅谈，不胜快乐。鄙人最喜同学生谈话，因十余年来，无日不做学生；即现在当教员，亦未尝不是做学生，盖不学则不能教。既为学生，则与诸君均为同志，同志相谈，自必非常快乐。诸君均为师范生，所研究者为教育，而鄙人所研究者，亦为教育，尤为同志中之同志，所以更为快乐。诸君平日在校，已受良好之教训，固无庸鄙人多谈。唯是同志相聚，亦不可不有所研究，尚希诸同志加以指正为荷。今日所讲之题，即“师范生应有之观念”。

一、教育乃最有效力之事业

教育能改良个人之天性。人之性情有善有恶，教育能使恶者变善，善者益善。即个人性情中，亦有善分子与恶分子，且善分子中亦含有恶。如爱，乃性情中之善分子也；而爱极生妒，变善为恶矣。恶分子中亦含有善。如怒，乃性情中之恶分子也，然文王一怒而安天下，用恶为善矣。教育乃取恶性中之善分子，去善性中之恶分子。如开矿然，泥内含金，金内亦杂有泥。开矿者取泥内之金，去金内之泥，然后成为贵品。教育亦若是矣。

教育能养成共和之要素。共和国有两大要素：一须有正当领袖，一须有认识正当领袖之国民。盖领袖有正当者，亦有不正当者。正当领袖，能引导国民行正当之事业；不正当领袖，能诱致国民行不正当之事业。故又必须养成能认识正当领袖之国民，领袖正当则从之，领袖不正当则去之。由是，正当领袖之势力日张，而不正当领袖之势力日蹙。所以教育能巩固共和之基础也。

教育能传播非遗传的文化。人之言语非生而知之者，必由渐习而后能。然亦只能说一国之语，如中国人只能说中国语，而不能言德、美、俄、日等国之语。如欲能言德、美、俄、日等国之语，必由专习而后能。推而言之，世界文化无虑千万，皆父母所不能遗传者，而教育能一一灌输之。鄙人谓教育能造文化，则能造人；能造人，则能造国。今人皆云教育能救国，但救国一语，似觉国家已经破坏，从而补救，不如改为造国。造一件得一件，造十件得十件，以至千百万件，莫不皆然。贫者可以造福，弱者可以造强。若云救国，则如补西扯东，医疮剜肉，暂虽得策，终非至计。若云教育造国，则精神中自有趣味生焉，盖教育为乐观的而非悲观的也。

教育为最有可为之事。古今名人莫不由研究教育而出。如达尔文、杜威、威尔诺刻等，皆由研究教育而出者也。但须有决心，有坚志，则成事何难？唯此尚是第二事。我等第一要知：人是人，我是我。天既生我，则必与我以一种为人所无能为之能力。不然，既有他何必有我！天既生孔子，万事皆孔子所能为，则又何必生我而为古人之附属物？由此观之，则我等当自立，当自强，为我之所能为，不随人学步，庶不负天生我之意。教育既然如此，则我师范生当作何种之观念？以鄙人看来，男师范生与女师范生之观念，当有不同。欧战发生后，德法发生一莫大之问题。因其平时男教师比女教师为多，一旦战事发生，国内乏男子担任教育事业，影响于儿童者甚大。中国亦如此。但美国、加拿大则不然，其小学教师皆以女子充当，其男子皆任兵役以卫国家，所以战事发生后，教育依然不受影响。再，女子与儿童有天然亲爱之感情，非若男子之爱护儿童出于勉强也。但高等小学则有不同，因此须养成其进取勇敢之精神，激发其军国民之志气，故须利用男教师。此男女教师不同之点也。然其共同之点，则在以教育为专门职业。地理、历史、哲学、医学、生理学等，虽皆为教育家所利用，而教儿童则非修专门之教育的科学不可。今世界上有四种教育家：一、政客教育家，借教育以图政治上之活动；二、空想教育家，有空想而未能实行；三、经验教育家，以经验自居，不肯研究理论；四、科学教育家，则实用科学以办教育者。中国现在教育家只有政客、空想、经验三种，但教育以科学教育为最重要，故男女师范生当专心致志，抱定主义，以教育为专门职业，则何人不可及，何事不可为耶？

二、教育乃一种快乐之事业

《论语》曰："有朋自远方来，不亦乐乎？"非当日孔子言教育之快乐耶？孔子一生诲人不倦，至于发愤忘食，乐以忘忧，不知老之将至。现任教育者，无不视当教员为苦途，以其无名无利也。殊不知其在经济上固甚苦，而实有无限之乐含在其中。愚蒙者，我得而智慧之；幼小者，我得而长大之；目视后进骎骎日上，皆我所造就者。其乐为何如耶！故办教育者之快乐，当在手续上，而不在其结果之代价。换言之，即视教育为游戏的作业、作业的游戏也。至于劳碌动作，以求结果之代价者，则宜摈弃于教育界外。

三、各种教育之职业皆须视为平等

现在教员一般心理，每以大、中学校之等级高，高小、国民学校之等级低，于是以教大、中学校为荣，而以教高小、国民学校为贱。不知大学要紧，中学要紧，而高等小学、国民小学、幼稚园尤要紧。以鄙人主张，凡大学、中学、小学等教员，国家须有同等之酬劳，社会须有同等之待遇。然常人心理，多不明小学之紧要，师范生亦有不明此理者。由是，他人固不以平等看待，即自视亦觉小学教员不如大学、中学教员之价值。甚至去而不为，放弃其应做之职业。故欲救此弊，先须视各种教育之职业皆为平等，此师范生所当注意者也。

四、教育为给儿童需要之事业

教育者，乃为教养学生而设，全以学生为中心，故开办学校、聘请教师，无一非为学生也。若无学生，焉有学校？既无学校，焉有教师？然则教师与学生，焉可无同情耶？同情谓何？即以学生之乐为乐，以学生之忧为忧；学生之休戚即我之休戚，学生之苦恼即我之苦恼是也。鄙人曾参观一校，终日仅一见教师之笑，不可谓不威严矣！吾人若设身处地为其学生，必须视之如判官、如阎罗，如芒刺之在背矣。此教师不能与学生同情之故也。现中国教师之大弊，即在于此。此又我师范生所当注意者也。

五、教育为制造社会需要之事业

教育为改良社会而设，为教育社会人才而设。故学校非寺院岩穴也，教员非孤僧隐士也。夫既为社会而设，若与社会不相往来，何以知社会之需要？中国前此之弊，即在于此，亦我师范生所宜注意者也。

六、教育为师范生终身之事业

现在为教育者，男则因赋闲无事遂暂为之；女则因尚未适人而暂为之。事既得，家既成，则远翔而不顾。视办教育如用雨伞，雨则取以遮盖，晴则置之高阁；视居学校如寓客栈，今日寓此，明日便去，虽有蚊蚤之为害，不过今宿，又何必大肆驱除！教育中亦有害虫，教师之责，所宜驱除，岂可以暂为，遂视同秦越而不作整顿之计耶？昔英女皇伊丽莎白终身不嫁，人问之故，辄以英吉利即吾之夫一语以对；意相加富尔终身不娶，人问之故，辄以意大利即吾之妻一语以对。故鄙人今亦二语告于诸君，即男师范生应以教育为妻，女师范生应以教育为夫，有此定力，则赴汤蹈火，在所不辞，鞠躬尽瘁，死而后已。吾身不成，吾子绍之；吾子不成，吾孙绍之；子子孙孙，世世代代，相继无间，海可枯而吾之志不可枯，石可烂而吾之志不可烂。西藏，极西边、极穷苦之地也，有需吾办教育者，吾即往西藏而不辞。蒙古，极北边极穷苦之地也，有需吾办教育者，吾即往蒙古而不辞。不要名，不要利，只要教育好；不怕难，不怕死，只怕教育不好。师范生乃负此志者，故与别种学生不同。读书要当作教书读，求学要当作教学求。蚕食桑叶，消化而吐出能为锦绣之丝；师范生求学，亦当融会贯通而吐出有益于人之事业也。

以上所说，皆属泛论。尚有一问题，与诸君商酌，庶上说皆可解决而变为切实。曾子曰："吾日三省吾身。"诸君亦当自省为何不入他校而入师范学校？岂为师范学校豁免学膳费而来乎？抑为求学之故，无他校可入，不得不入师范学校乎？或迫于父母之命，不得已而入师范学校乎？将负大才能、抱大兴味而后入师范学校乎？假如因免学膳费，因无他校可入，及因父母所迫而入，姑且无论。若因负大才能、抱大兴味，其将何以自待？吾见今日师范毕业生，有一部分人不办教育，或办教育而不尽心力者，皆由初未能自省也。然则，以上所说均成空谈矣。鄙人此番之话，方为负大才能、抱大兴味而入师范学校者言之，望诸君皆注意焉。如有误谬之处，不妨指出纠正，实甚欣幸。

陶行知（1891—1946），安徽歙县人，近现代著名教育家、思想家，中国人民救国会和中国民主同盟的主要领导人之一。曾任南京高等师范学校教务主任等职。1926 年发表《中华教育改进社改造全国乡村教育宣言》，1927 年 3 月在南京北郊晓庄创办乡村师范学校——晓庄学校，主要著作有《中国教育改造》《教学做合一讨论集》《中国大众教育问题》。

教育的信仰

朱自清

教育并不是一件容易的事，如一般人所想的。一般人以为教育只是技能的事。有了办事才能，便可以做校长；有了教授才能，便可以做教师；至其为人到底如何，却以为无关得失，可以存而不论。在这种情形之下，做校长的至多是办事严明，会计不乱，再请几位长于讲解的教师，便可邀誉一时了。做教师的呢，只要多少有相当的根底，加以辩论的口才，也便可邀誉一时了。这还是上等教育人才。等而下之，那些蝇营狗苟，谄媚官绅者流，也未尝不可以做校长！那些凭借官绅势力，不学无术的鄙夫，也未尝不可以做教师！——这班人在“五四运动”以后，迎受“新潮”，又加添了一副逢迎学生的手段。于是上下其手，倒也可以固位，以达他们“有饭大家吃”的目的！读者或者觉得我说得太过，其实绝不会的；就以文明的浙江而论，内地里尽多这种情形呢！

至于教育行政人员，那就连技能和才干都在可有可无之列了。只要有援引的亲朋，应酬的功夫，乃至钻营的伎俩，那就厅长也行，科长也行，科员也行；懂得教育——更不用说有研究了——与否，原是不必论的！至于提倡士气，以身作则，那更非所论于这班征逐酒食的群公了！他们只知道趋炎附势，送旧迎新罢了！如此而言教育，怎样会有进步？

但教育行政人员多少总是官僚；官僚原是又圆滑又懒惰的东西，我们本不能属望太奢的。教育的责任，十有八九究竟应该由校长教师们担负的。但现在的校长教师们究竟怎样尽他们的责任呢？让我就浙江说罢，让我就浙江的内地说罢。

那校长一职，实在是一个缺！得了这个缺时，亲戚朋友的致贺，饯行，正和送一个新官上任一般。这是我在杭州常常目睹的。一般人看校长确和教师不同。我有一次偶然做了一个中学的教务主任，家里人写信给我说，你升了级了。照这样算来，校长竟比教员升了两级了；无怪乎一般校长都将校长当“三等县知事”做了！无怪校长公司（是杭州某团体的雅号）诸公千方百计的去谋校长做了！这样的校长，受命之后，先务之急是“串门子”：凡是学校所在地的议员、绅士，在省里的，必得去登门拜访一番，以表示他的敬意；然后才敢上任。上任后第一是安插几个必要的私人和上峰、绅士所荐的人；第二是向什么大学里请一两个毕业生，装装门面，新新耳目；第三是算账，看看出入如何——一般的校长特别注意这件事；第四才是例行公事，所谓教育了！这是经始的时候如此，至于平常日子，校长除了“教育”以外，也还有他的重大的事，便是应酬官绅和迎送客人！有一个地方的校长，因该地绅士有甲乙两派，互相水火，校长绝不能有畸轻畸重之嫌；于是费尽心机，想出一条妙计，每星期请一次客，甲乙派轮流着。这样，两派都不得罪了。这就是他的教育宗旨了！这层办妥帖了，校里的事自然便能为所欲为了！名利双收，全靠这种应酬的本领呢。但“五四”以后，学生也常会蹈瑕抵隙地和校长捣乱，这也很厉害的！校长却也有他的妙法，便是笼络各个首领，优加礼遇，以种种手段诱惑他们，使为己用！也有假手于教师的。各样情形，不实不尽！总之，教育是到“兽之国”里去了！

至于教师们尽他们责任的方法，第一是在于植党。植了党便可把持、操纵了。这种教师大约总有靠山——地方势力；凭了靠山，便可援引同类。有了同类，一面便可挟制校长，一面便可招徕学生；而招徕学生，更为他们的切要之图！他们的手段，说来令人惊叹！在招考的时候，他们便多方请托，多取自己同乡（同县），乃至亲戚故旧之子弟，俾将来可以调动裕如。至于平日呢，或诱学生以酒食，或诱学生以金钱，或诱学生以分数，尤其是无微不至！我知道有一个学校的教师，他每星期必请学生吃一次，香烟、瓜子而外，还有一桌一元钱的和菜，这种惠而不费的办法，竟可收着指挥如意的效果呢！可怜一班心胸坦白的青年只因见识短浅，定力缺乏，遂致为人犬马而不自知，真是怅惋了！金钱诱惑，比较少些；因为究竟太明显了，不敢明目张胆的做去。有用此法的，也只借借贷为名。分数的诱惑行之最易，因为这是教师们高下随心的，而且是不必破费一钱的。但太容易了，诱惑的力量反倒少了。——用了这种种手段，教师们植党的目的完全达到了；他们正如军阀一般，也可拥“学生军”以自卫了！于是威吓校长，排除异己，皆可如意而行；甚至掀起惊人的学潮，给予重大的牺牲于学校与学生！——而他们仍扬扬无恙。他们的教育的全过程，如是如是！

在这种教育现状里，在实施这种教育的学校里，校长与教师间，教职员与学生间，一般的关系又如何呢？这可以一言蔽之，就是“待遇异等”！有操纵的实力的教师与有教授的实力的教师，校长前程有关欲相倚重，自然特别看待；其余却就成了可有可无的东西了！虽是可有可无，在校长却也不无有用。别人送十二月薪俸，这类人不妨和他们说明，少送一个月或两个月；别人照关约所定数目送薪，这类人有时不妨打个扣头——若反抗时，下学期可以请他走路！这些油，不用说都是校长来揩了；岂不是“有用”么？至于教师与教师之间，当然也无善状可言。他们决不读书，更无研究，课余之暇，中有嫖嫖，赌赌，吃吃，以遣时日，在内地里，教师们的嫖赌，是没有什么的；他们更可猖狂无忌了。此外还有讨小老婆，也是近来教师们常有的事。再说教师之于学生，往往依年级为宽严，视势力为厚薄。四年级学生，相待最是客气，三年级就差了，二年级一年级更差了！一班之中，会捣乱的，会说话的，常能得教师的青睐，遇事总让他三分！这种种情形，我想可以称为“阶级教育”罢！

以上所述的现象，都因一般教育者将教育看作一种手段，而不看作目的，所以一糟至此！校长教师们既将教育看作权势和金钱的阶梯，学生们自然也将教育看作取得资格的阶梯；于是彼此都披了“教育”的皮，在变自己的戏法！戏法变得无论巧妙与笨拙，教育的价值却已丝毫不存在！教育的价值是在培养健全的人格，这已成了老生常谈了。但要认真培养起来，那却谈何容易！第一教育者先须有“培养”的心，坦白的、正直的、温热的、忠于后一代的心！有了“培养”的心，才说得到“培养”的方法。像以上所说的校长教师们，他们口头上虽也有健全的人格，但心里绝没有健全的人格的影子！他们所有的，只是政客的纵横捭阖的心！如何利用别人，如何愚弄别人，是他们根本的态度！他们以教育为手段，同时也以别人为手段。以“人”为手段，实在最可恶！无论当作杀人的长刀，无论当作护身的藤牌，总之只是一件“东西”而已！这样，根本上取消了别人与自己对等的人格！而自己的人格，因此也受了损伤；看别人是东西，他的人格便已不健全了！再进一步说，他自己的人格也只作为权势与金钱的手段罢了！所以就“人格”而论，就“健全的人格”而论，利用者与被利用者，结果是两败俱伤！康德说得好，人总须彼此以“目的”相待，不可相视作“手段”；他希望将来的社会是一个“目的国”。我想至少学校是“目的国”，才有真教育可言！

不足与言教育的，我们内地里有些校长与教师，我们真也不能与言，不必与言了。但前文所谓上等教育人才的，又如何呢？我意现在有许多号称贤明的校长教师，都可列在这一等内。他们心目中的教育，可以三语括之：课功，任法，尚严。课功是指注重事功而言。如设备求其完善，学业成绩求其优良，毕业生愿升学与能升学（能考入大学专门）的，求其多，体育成绩于求优良之外，更求其能胜人：都是所谓课功。事功昭著于社会，教育者之责便已尽了。因为要课功，便须讲效率，便不得不有种种法则以督促之。法则本身是没有力量的，于是必假之以权威。权威有鞭策之功；于是愈用愈爱用，而法则便成了迷信了！在任权信法的环境中，尚严是当然的。因为尚严，所以要求整齐划一；无论求学行事，无论大小，差不多都有一个定格，让学生们钻了进去。江苏有一个学校，乃至连学生剪发的事都加规定；他们只许剪平顶，不许剪他种样子，以表示朴实的校风。抱以上这三种见解而从事于教育的人，我也遇过几个。他们有热心与毅力，的确将教育看作一件正正经经的事去办，的确将教育看作一种目的。他们的功绩，的确也不错。我们邻省的教育者，有许多是这种人。但我总觉他们太重功利了，教育被压在沉重的功利下面，不免有了偏枯的颜色。我总觉得“为学”与“做人”，应当并重，如人的两足应当一样长一般。现在一般号称贤明的教育者，却因为求功利的缘故，太重视学业这一面了，便忽略了那一面；于是便成了跛的教育了。跛的教育是不能行远的，正如跛的人不能行远一样。功利是好的，但是我们总该还有超乎功利以上的事，这便是要做一个堂堂的人！学生们入学校，一面固是“求学”，一面也是学做人。一般人似未知此义，他们只晓得学生应该“求学”罢了！这实是一个很重要的误会，而在教育者，尤其如是。一般教育者都承认学生的知识是不完足的，但很少的人知道学生的品格也是不完足的。其实“完人”是没有的；所谓“不完足”，指学生尚在“塑造期”，无一定品格而言，——只是比较的说法。他们说到学生品性不好的时候，总是特别摇头叹气，仿佛这是不应有的事，而且是无法想的事。其实这与学业上的低能一样，正是教育的题中常有的文章；若低能可以设法辅导，这也可以设法辅导的，何用特别摇头叹气呢？要晓得不完足才需来学，若完足了，又何必来受教育呢？学生们既要学做人，你却单给以知识，变成了“教”而不“育”，这自然觉得偏枯了。为学生个人的与眼前浮面的功利计，这原未尝不可，但为我们后一代的发荣滋长计，这却不行了。机械的得着知识，又机械的运用知识的人，人格上没有深厚的根基，只随着机会和环境的支使的人，他们的人生的理想是很模糊的，他们的努力是盲目的。在人生的道路上，他们只能乱转一回，不能向前进行；发荣滋长，如何说得到呢？“做人”是要逐渐培养的，不是可以按钟点教授的。所谓“不言之教”“无声之诲”，便是说的这种培养的功夫。要从事于此，教育者先须有健全的人格，而且对于教育，须有坚贞的信仰，如宗教信徒一般。他的人生的理想，不用说，也应该超乎功利以上。所谓超乎功利以上，就是说，不但要做一个能干的、有用的人，并且要做一个正直的、坦白的、敢作敢为的人！——教育者有了这样的信仰，有了这样的人格，自然便能够潜移默化，“如时雨化之”了。这其间也并无奥妙，只在日常言动间注意。但这个注意却不容易！比办事严明、讲解详晰要难得许多许多。第一先须有温热的心，能够爱人！须能爱具体的这个那个的人，不是说能爱抽象的“人”。能爱学生，才能真的注意学生，才能得学生的信仰；得了学生的信仰，就是为学生所爱。那时真如父子兄弟一家人，没有说不通的事；感化于是乎可言。但这样的爱是须有大力量、大气度的。正如母亲抚育子女一般，无论怎样琐屑，都要不辞劳苦的去做，无论怎样哭闹，都要能够原谅，这样，才有坚韧的爱。教育者也要能够如此任劳任怨才行！这时教育者与学生共在一个“情之流”中，自然用不着任法与尚严了。法是力量小的人用的；他们不能以全身奉献于教育，所以不能爱——于是乎只能寻着权威，暂资凭借。但权威是冷的，权威所寓的法则也是冷的；它们最容易造成虚伪与呆木的人！操行甲等而常行偷窃的学生，是各校常见的。循规蹈矩，而庸碌无用，但能做好好先生的学生，也是各校常见的。这都是任法尚严的流弊了。更有一件，权威最易造成或增加误会；它不但不能使人相亲相爱，反将使人相忌相恨！我曾见过江苏一个校长，他的热心毅力，我至今仍是佩服。但他任法尚严，却使他的热心毅力一概都埋没了！同事们说他太专，学生们说他太严；没有说他好处的！他于是成了一个孤独的人。后来还起了一次风潮，要驱逐他去职！这就是权威的破坏力！我以为权威绝对用不得。法则若变成自由的契约，依共同的意志而行，那还可存。总之，最要紧的还是人，是人的心！我对于那些号称贤明的教育者所持的功利见解，不以为不好，而以为不够。我希望他们百尺竿头，更进一步！

我的意思，再简单的说一说：教育者须对于教育有信仰心，如宗教徒对于他的上帝一样；教育者须有健全的人格，尤须有深广的爱；教育者须能牺牲自己，任劳任怨。

我斥责那班以教育为手段的人！我劝勉那班以教育为功利的人！我愿我们都努力，努力做到那以教育为信仰的人！

教育的信仰

朱自清（1898—1948），原名自华，字佩弦，号秋实。原籍浙江绍兴，出生于江苏海州（今东海）。近现代著名散文家、诗人、学者。曾任清华学校大学部国文教授。出版有《欧游杂记》《伦敦杂记》《经典常谈》《诗言志辨》《语文影及其他》《新诗杂话》《论雅俗共赏》《标准与尺度》《中国歌谣》《朱自清古典文学专集》等，编选《中国新文学大系·诗集》，与闻一多、余冠英等选编《西南联合大学国文选》（1938—1939），与叶圣陶合作编著有《精读指导举隅》《略读指导举隅》《国文教学》。

夫子循循然善诱人

——陈垣先生诞生百年纪念

启　功

陈垣先生是近百年的一位学者，这是人所共知的。他在史学上的贡献，更是国内国外久有定评的。我既没有能力一一叙述，事实上他的著作俱在，也不待这里多加介绍。现在当先生降诞百年，又是先生逝世第十年之际，我以亲受业者心丧之余，回忆一些当年受到的教导，谨追述一些侧面，对于今天教育工作者来说，仍会有所启发的。

我是一个中学生，同时从一位苏州的老学者戴姜福先生读书，学习“经史辞章”范围的东西，作古典诗文的基本训练。因为生活困难，等不得逐步升学，1933 年由我祖父辈的老世交傅增湘先生拿着我的作业去介绍给陈垣先生，当然意在给我找一点谋生的机会。傅老先生回来告诉我说：“援庵说你写作俱佳。他的印象不错，可以去见他。无论能否得到工作安排，你总要勤向陈先生请教。学到做学问的门径，这比得到一个职业还重要，一生受用不尽的。”我谨记着这个嘱咐，去见陈先生。初见他眉棱眼角肃穆威严，未免有些害怕。但他开口说：“我的叔父陈简墀和你祖父是同年翰林，我们还是世交呢！”其实陈先生早就参加资产阶级革命，对于封建的科举关系焉能那样讲求？但从我听了这句话，我和先生之间，像先拆了一堵生疏的墙壁。此后随着漫长的岁月，每次见面，都给我换去旧思想，灌注新营养。在今天如果说予小子对文化教育事业有一滴贡献，那就是这位老园丁辛勤灌溉时的汗珠。

一、怎样教书

我见了陈老师之后不久，老师推荐我在辅仁大学附属中学教一班“国文”。在交派我工作时，详细问我教过学生没有，多大年龄的，教什么，怎么教。我把教过家馆的情形述说了，老师在点点头之后，说了几条“注意事项”。过了两年，有人认为我不够中学教员的资格，把我解聘。老师后便派我在大学教一年级的“国文”。老师一贯的教学理论，多少年从来未间断地对我提醒。今天回想，记忆犹新，现在综合写在这里。

老师说：

（一）教一班中学生与在私塾屋里教几个小孩不同，一个人站在讲台上要有一个样子。人脸是对立的，但感情不可对立。

（二）万不可有偏爱、偏恶，万不许讥诮学生。

（三）以鼓励夸奖为主。不好的学生，包括淘气的或成绩不好的，都要尽力找他们一小点好处，加以夸奖。

（四）不要发脾气。你发一次，即使有效，以后再有更坏的事件发生，又怎么发更大的脾气？万一发了脾气之后无效，又怎么下场？你还年轻，但在讲台上即是师表，要取得学生的佩服。

（五）教一课书要把这一课的各方面都预备到，设想学生会问什么。陈老师还多次说过，自己研究几个月的一项结果，有时并不够一堂时间讲的。

（六）批改作文，不要多改，多改了不如你替他作一篇。改多了他们也不看。要改重要的关键处。

（七）要有教课日记。自己和学生有某些优缺点，都记下来，包括作文中的问题，记下以备比较。

（八）发作文时，要举例讲解。缺点尽力在堂下个别谈；缺点改好了，有所进步的，尽力在堂上表扬。

（九）要疏通课堂空气，你总在台上坐着，学生总在台下听着，成了套子。学生打呵欠，或者在抄别人的作业，或看小说，你讲的多么用力也是白费。不但作文课要在学生坐位行间走走。讲课时，写了板书之后，也可下台看看。既回头看看自己板书的效果如何，也看看学生会记不会记。有不会写的或写错了的字，在他们坐位上给他们指点，对于被指点的人，会有较深的印象，旁边的人也会感觉兴趣，不怕来问了。

这些“上课须知”，老师不止一次地向我反复说明，唯恐听不明，记不住。

老师又在楼道里挂了许多玻璃框子，里边随时装入一些各班学生的优秀作业。要求有顶批，有总批，有加圈的地方，有加点的地方，都是为了标志出优点所在。这固然是为了学生观摩的大检阅、大比赛，后来我才明白也是教师教学效果、批改水平的大检阅。

我知道老师并没搞过什么教学法、教育心理学，但他这些原则和方法，实在符合许多教育理论，这是从多年的实践经验中辛勤总结得出来的。

二、对后学的诱导

陈老师对后学因材施教，在课堂上对学生用种种方法提高他们的学习兴趣；在堂下对后学无论是否自己教过的人，也都抱有一团热情去加以诱导。当然也有正面出题目、指范围、定期限、提要求的时候，但这是一般师长、前辈所常有的、共有的，不待详谈。这里要谈的是陈老师一些自身表率和“谈言微中”的诱导情况。

陈老师对各班“国文”课一向不但是亲自过问，每年总还自己教一班课。各班的课本是统一的，选哪些作品，哪篇是为何而选，哪篇中讲什么要点，通过这篇要使学生受到哪方面的教育，都经过仔细考虑，并向任课的人加以说明。学年末全校的一年级“国文”课总是“会考”，由陈老师自己出题，统一评定分数。现在我才明白，这不但是学生的会考，也是教师们的会考。

我们这些教“国文”的教员，当然绝大多数是陈老师的学生或后辈，他经常要我们去见他。如果时间隔久了不去，他遇到就问：“你忙什么呢？怎么好久没见？”见面后并不考查读什么书，写什么文等等，总是在闲谈中抓住一两个小问题进行指点，指点的往往是因小见大。我们每见老师总有新鲜的收获，或发现自己的不足。

我很不用功，看书少，笔懒，发现不了问题，老师在谈话中遇到某些问题，也并不尽关史学方面的，总是细致地指出，这个问题可以从什么角度去研究探索，有什么题目可作，但不硬出题目，而是引导人发生兴趣。

有时评论一篇作品或评论某一种书，说它有什么好处，但还有什么不足处。常说：“我们今天来作，会比它要好。”说到这里就止住。好处在哪里，不足处在哪里，怎样作就比它好？如果我们不问，并不往下说。我就错过了许多次往下请教的机会。因为绝大多数是我没读过的书，或者没有兴趣的问题。假如听了之后随时请教，或回去赶紧补读，下次接着上次的问题尾巴再请教，岂不收获更多？当然我也不是没有继续请教过，最可悔恨的是请教过的比放过去的少得多！

陈老师的客厅、书房以及住室内，总挂些名人字画，最多的是清代学者的字，有时也挂些古代学者字迹的拓片。客厅案头或沙发前的桌上，总有些字画卷册或书籍，这常是宾主谈话的资料，也是对后学的教材。他曾用三十元买了一开章学诚的手札，在三十年代买清代学者手札墨迹，这是很高价钱了。但章学诚的字，写得非常拙劣，老师把它挂在那里，既备一家学者的笔迹，又常当作劣书的例子来警告我们。我们去了，老师常指着某件字画问：“这个人你知道吗？”如果知道，并且还说得出一些有关的问题，老师必大为高兴，连带地引出关于这位学者和他的学问、著述种种评价和介绍。如果不知道，则又指引一点头绪后就不往下再说，例如说“他是一个史学家”就完了。我们因自愧没趣，或者想知道个究竟，只好去查有关这个人的资料。明白了一些，下次再向老师表现一番，老师必很高兴。但又常在我的棱缝中再点一下，如果还知道，必大笑点头，我也像考了个满分，感觉自傲。如果词穷了，也必再告诉一点头绪，容回去再查。

老师最喜欢收学者的草稿，细细寻绎他们的修改过程。客厅桌上常摆着这类东西。当见我们看得发生兴趣时，便提出问题说："你说他为什么改那个字？"

老师常把自己研究的问题向我们说，什么问题，怎么研究起的。在我们的疑问中，如果有老师还没想到的，必高兴地肯定我们的提问，然后再进一步地发挥给我们听。老师常说，一篇论文或专著，作完了不要忙着发表。好比刚蒸出的馒头，须要把热气放完了，才能去吃。蒸得透不透，熟不熟，才能知道。还常说，作品要给三类人看：一是水平高于自己的人；二是和自己平行的人；三是不如自己的人。因为这可以从不同角度得到反映，以便修改。所以老师的著作稿，我们也常以第三类读者的关系而得到先睹。我们提出的意见或问题，当然并非全无启发性的，但也有些是很可笑的。一次稿中引了两句诗，一位先生看了，误以为是长短二句散文，说稿上的断句有误。老师因而告诉我们要注意学诗，不可闹笑柄。但又郑重嘱咐我们，不要向那位先生说，并说将由自己劝他学诗。我们同从老师受业的人很多，但许多并非同校、同班，以下只好借用“同门”这个旧词。那么那位先生也可称为“同门”的。

老师常常驳斥我们说“不是”“不对”，听着不免扫兴。但这种驳斥都是有代价的，当驳斥之后，必然使我们知道什么是“是”的，什么是“对”的。后来我们又常恐怕听不到这样的驳斥。

三、对中华民族历史文化的一片丹诚

历史证明，中国几千年来各地方的各民族，从矛盾到交融，最后团结成为一体，构成了伟大的中华民族和它的灿烂文化。陈老师曾从一部分历史时期来论证这个问题，即是他精心而且得意的著作之一《元西域人华化考》。

在抗战时期，老师身处沦陷区中，和革命抗敌的后方完全隔绝，手无寸铁的老学者，发愤以教导学生为职志。环境日渐恶劣，生活日渐艰难，老师和几位志同道合的老先生著书、教书越发勤奋。学校经费不足，《辅仁学志》将要停刊，几位老先生相约在《学志》上发表文章不收稿费。这时期他们发表的文章比收稿费时还要多。老师曾语重心长地说：“从来敌人消灭一个民族，必从消灭它的民族历史文化着手。中华民族的历史文化不被消灭，也是抗敌根本措施之一。”

辅仁大学是天主教的西洋教会所办的，无可讳言具有传教的目的。陈老师的家庭是有基督教信仰的，他在二十年代做教育部次长时，因为在孔庙行礼几近拜偶像，对“祀孔”典礼，曾“辞不预也”。但他对教会，则不言而喻是愿“自立”的。二十年代有些基督教会也曾经提出过“自立自养”，并曾进行过募捐。当时天主教会则未曾提过这个口号，这又岂是一位老学者所能独力实现的呢？于是老师不放过任何机会，大力向神甫们宣传中华民族的文化，曾为他们讲佛教在中国所以能传布的原因。看当时的记录，并未谈佛教的思想，而是列举中华民族的文化艺术对佛教存在有什么好处，可供天主教借鉴。吴历，号渔山，是清初时一位深通文学的大画家，他是第一个国产神甫，老师对他一再撰文表彰。又在旧恭王府花园建立“司铎书院”，专对年轻的中国神甫进行历史文化基本知识的教育。这个花园中有几棵西府海棠，从前每年花时旧主人必宴客赋诗，老师这时也在这里宴客赋诗，以“司铎书院海棠”为题，自己也作了许多首。还让那些年轻神甫参加观光，意在造成中国司铎团体的名胜。

这种种往事，有人不尽理解，以为陈老师“为人谋”了。若干年后，想起老师常常口诵《论语》中两句：“施于有政，是亦为政”，才懂得他的“苦心孤诣”！还记得老师有一次和一位华籍大主教拍案争辩，成为全校震动的一个事件。辩的是什么，一直没有人知道。现在明白，辩的什么，也就不问可知了。

一次我拿一卷友人收藏找我题跋的纳兰成德手札卷，去给老师看。说起成德的汉文化修养之高。我说：“您作《元西域人华化考》举了若干人，如果我作‘清东域人华化考’，成容若应该列在前茅。”老师指着我写的题跋说：“后边是启元白”，相对大笑。中华民族的历史文化是民族的生命和灵魂，更是各个兄弟民族团结融合的重要纽带，也是陈老师学术思想中的一个重要组成部分，甚至可以说是个中心。

四、竭泽而渔地搜集材料

老师研究某一个问题，特别是作历史考证，最重视占有材料。所谓占有材料，并不是指专门挖掘什么新奇的材料，更不是主张找人所未见的什么珍秘材料，而是说要了解这一问题各个方面有关的材料。尽量搜集，加以考察。在人所共见的平凡书中，发现问题，提出见解。自己常说，在准备材料阶段，要“竭泽而渔”，意思即是要不漏掉一条材料。至于用几条，怎么用，那是第二步的事。

问题来了，材料到哪里找？这是我最苦恼的事。而老师常常指出范围，上哪方面去查。我曾向老师问起："您能知道哪里有哪方面的材料，好比能知道某处陆地下面有伏流，刨开三尺，居然跳出鱼来。这是怎么回事？"后来逐渐知道老师有深广的知识面，不管多么大部头的书，他总要逐一过目。好比对于地理、地质、水道、运动等等调查档案都曾过目的人，哪里有伏流，哪里有鱼，总会掌握线索的。

他曾藏有三部佛教的《大藏经》和一部道教的《道藏经》，曾说笑话："唐三藏不稀奇，我有四藏。"这些"大块文章"老师都曾阅览过吗？我脑中时常泛出这种疑问。一次老师在古物陈列所发现了一部嘉兴地方刻的《大藏经》，立刻知道里边有哪些种是别处没有的，并且有什么用处。即带着人去抄出许多本，摘录若干条。怎么比较而知哪些种是别处没有的呢？当然熟悉目录是首要的，但仅仅查目录，怎能知道哪些有什么用处呢？我这才"考证"出老师藏的"四藏"并不是陈列品，而是都曾一一过目，心中有数的。

老师自己曾说年轻时看清代的《十朝圣训》《朱批谕旨》《上谕内阁》等书，把各书按条剪开，分类归并。

称他的《柱下备忘录》整理出的问题，即是已发表的《宁远堂丛录》。可惜只发表了几条，仅是全份分类材料的几百分之一。又曾说年轻时为应科举考试，把许多八股文的书全部拆开，逐篇看去，分出优劣等级，重新分册装订，以备精读或略读。后来还能背诵许多八股文的名篇给我们听。这种干法，有谁肯干！又有几人能做得到？

解放前，老师对于马列主义的书还未曾接触过。解放初，才找到大量的小册子，即不舍昼夜地看。眼睛不好，册上的字又很小，用放大镜照着一册册看。那时已是七十岁的老人了，结果累得大病一场，医生制止看书，这才暂停下来。

老师还极注意工具书，二十年代时《丛书子目索引》一类的书还没出版，老师带了一班学生，编了一套各种丛书的索引，这些册清稿，一直在自己书案旁边书架上，后来虽有出版的，自己还是习惯查这份稿本。

另外还有其他书籍，本身并非工具书，但由于善于利用，而收到工具书的效果。例如一次有人拿来一副王引之写的对联，是集唐人诗句。一句知道作者，一句不知道。老师走到藏书的房间，不久出来，说了作者是谁。大家都很惊奇地问怎么知道的，原来有一种小本子的书，叫《诗句题解汇编》，是把唐宋著名诗人的名作每句按韵分编，查者按某句末字所属的韵部去查即知。科举考试除了考八股文外，还考“试贴诗”。这种诗绝大多数是以一句古代诗为题，应考者要知道这句的作者和全诗的内容，然后才好著笔，这种小册子即是当时的“夹带”，也就是今天所谓“小抄”的。现在试贴诗没有人再作了，而这种“小抄”到了陈老师手中，却成了查古人诗句的索引。这不过是一个例，其余不难类推。

胸中先有鱼类分布的地图，同时烂绳破布又都可拿来做网，何患不能竭泽而渔呢！

五、一指的批评和一字的考证

老师在谈话时，时常风趣地用手向人一指。这无言的一指，有时是肯定的，有时是否定的。使被指者自己领会，得出结论。一位“同门”满脸连鬓胡须，又常懒得刮，老师曾明白告诉他，不刮属于不礼貌。并且上课也要整齐严肃，“不修边幅”去上课，给学生的印象不好，但这位“同门”还常常忘了刮。当忘刮胡子见到老师时，老师总是看看他的脸，用手一指，他便不安。有一次我们一同去见老师，快到门前了，忽然发觉没有刮胡子，便跑到附近一位“同门”的家中借刀具来刮。附近的这位“同门”的父亲，也是我们的一位师长，看见后说："你真成了子贡。"大家以为是说他算大师的门徒。这位老先生又说："入马厩而修容！"这个故事是这样：子贡去见一个大人物，因为容貌不整洁，被守门人拦住，不给通禀。子贡临时钻进门外的马棚"修容"，不知是洗脸还是刮胡子，守门人就让他进去了。大家听了后一句无不大笑。这次他才免于一指。

一次作司铎书院海棠诗，我用了"西府"一词，另一位"同门"说："恭王府当时称西府啊？"老师笑着用手一指，然后说："西府海棠啊！"这位"同门"说："我想远了。"又谈到当时的美术系主任溥伒先生，他在清代的封爵是"贝子"。我说："他是孛堇。"老师点点头。这位"同门"又说："什么孛堇？"老师不禁一愣，"哎"了一声，用手一指，没再说什么。我赶紧接着说："就是贝子，《金史》作孛堇。"这位"同门"研究史学，偶然忘了金源官职。老师这无言的一指，不啻开了一次"必读书目"。

老师读书，从来不放过一个字，作历史考证，有时一个很大的问题，都从一个字上突破、解决。以下举三个例。

北京图书馆影印一册于敏中的信札，都是从热河行宫寄给在北京的陆锡熊的。陆锡熊那时正在编辑《四库全书》，于的信札是指示编书问题的。全册各信札绝大部分只写日子，既少有月份、更没有年份。里边一札偶然记了大雨，老师即从它所在地区和下雨的情况勾稽得知是某年某月，因而解决了这批信札大部分写寄的时间，而为《四库全书》编辑经过和进程得到许多旁证资料。这是从一个“雨”字解决的。

又在考顺治是否真曾出家的问题时，在蒋良骐编的《东华录》中看到顺治卒后若干日内，称灵柩为“梓宫”，从某日以后称灵柩为“宝宫”，再印证其他资料，证明“梓宫”是指木制的棺材，“宝宫”是指“宝瓶”，即是骨灰坛。于是证明顺治是用火葬的。清代《实录》屡经删削修改，蒋良骐在乾隆时所摘录的底本，还是没太删削的本子，还存留“宝宫”的字样。《实录》是官修的书，可见早期并没讳言火葬。这是从一个“宝”字解决的。

又当撰写纪念吴渔山的文章时，搜集了许多吴氏的书迹影印本。老师对于画法的鉴定，未曾作专门研究，时常叫我去看。我虽曾学画，但那时鉴定能力还很幼稚，老师依然是垂询参考的。一次看到一册，画的水平不坏，题“仿李营邱”，老师直截了当地告诉我说：“这册是假的！”我赶紧问什么原因，老师详谈：孔子的名字，历代都不避讳，到了清代雍正四年，才下令避讳“丘”字，凡写“丘”字时，都加“邑”旁作“邱”，在这年以前，并没有把“孔丘”“营丘”写成“孔邱”“营邱”的。吴渔山卒于雍正以前，怎能预先避讳？我真奇怪，老师对历史事件连年份都记得这样清，提出这样快！在这问题上，当然和作《史讳举例》曾下的功夫有关，更重要的是亲手剪裁分类编订过那部《柱下备忘录》。所以清代史事，不难如数家珍，唾手而得。伪画的马脚，立刻揭露。这是从一个“邱”字解决的。

这类情况还多，凭此三例，也可以概见其余。

六、严格的文风和精密的逻辑

陈老师对于文风的要求，一向是极端严格的。字句的精简，逻辑的周密，从来一丝不苟。旧文风，散文多半是学“桐城派”，兼学些半骈半散的“公牍文”。遇到陈老师，却常被问得一无是处。怎样问？例如用些漂亮的语调，古奥的词藻时，老师总问：“这些怎么讲？”那些语调和词藻当然不易明确翻成现在语言，答不出时，老师便说：“那你为什么用它？”一次我用了“旧年”二字，是从唐人诗“江春入旧年”套用来的。老师问：“旧年指什么？是旧历年，是去年，还是以往哪年？”我不能具体说，就被改了。老师说：“桐城派作文章如果肯定一个人，必要否定一个人来作陪衬。语气总要摇曳多姿，其实里边有许多没用的话。”三十年代流行一种论文题目，像“某某作家及其作品”，老师见到我辈如果写出这类题目，必要把那个“其”字删去，宁可使念着不太顺嘴，也绝不容许多费一个字。陈老师的母亲去世，老师发讣闻，一般成例，孤哀子名下都写“泣血稽颡”，老师认为“血”字并不诚实，就把它去掉。在旧社会的“服制”上，什么“服”的亲属，名下写什么字样。“泣稽颡”是比儿子较疏的亲属名下所用的，但老师宁可不合世俗旧服制的习惯用语，也不肯向人撒谎，说自己泣了血。

唐代刘知几作的《史通》，里边有一篇《点烦》，是举出前代文中啰唆的例子，把他所认为应删去的字用“点”标在旁边。流传的《史通》刻本，字旁的点都被刻板者省略，后世读者便无法看出刘知几要删去哪些字。刘氏的原则是删去没用的字，而语义毫无损伤、改变。并且只往下删，绝不增加任何一字。这种精神，是陈老师最为赞成的。屡次把这《点烦》篇中的例文印出来，让学生自己学着去删。结果常把有用的字删去，而留下的却是废字废话。老师的秘书都怕起草文件，常常为了一两字的推敲，能经历许多时间。

老师常说，人能在没有什么理由，没有什么具体事迹，也就是没有什么内容的条件下，作出一篇骈体文，但不能作出一篇散文。老师六十岁寿辰时，老师的几位老朋友领头送一堂寿屏，内容是要全面叙述老师在学术上的成就和贡献，但用什么文体呢？如果用散文，万一遇到措辞不恰当，不周延，不确切，挂在那里徒然使陈老师看着别扭，岂不反为不美？于是公推高步瀛先生用骈体文作寿序，请余嘉锡先生用隶书来写。陈老师得到这份贵重寿礼，极其满意。自己把它影印成一小册，送给朋友，认为这才不是空洞堆砌的骈文。还告诉我们，只有高先生那样富的学问和那样高的手笔，才能写出那样骈文，不是初学的人所能“摇笔即来”的，才知老师并不是单纯反对骈体文，而是反对那种空洞无物的。

老师对于行文，最不喜“见下文”。说，先后次序，不可颠倒。前边没有说明，令读者等待看后边，那么前边说的话根据何在？又很不喜在自己文中加注释。说，正文原来就是说明问题的，为什么不在正文中即把问题说清楚？既有正文，再补以注释，就说明正文没说全或没说清。除了特定的规格、特定的条件必须用小注的形式外，应该锻炼，在正文中就把应说的都说清。所以老师的著作中除《元典章校补》是随着《元典章》的体例有小注外，《元秘史译音用字考》在木板刻成后又发现应加的内容，不得已刓改板面，出现一段双行小字外，一般文中连加括弧的插话都不肯用，更不用说那些“注一”“注二”的小注。但看那些一字一板的考据文章中，并没有使人觉得缺少什么该交代的材料出处，因为已都消化在正文中了。另外，也不喜用删节号。认为引文不会抄全篇，当然都是删节的。不衔接的引文，应该分开引用。引诗如果仅三句有用，那不成联的单句必须另引，绝不使它成为瘸腿诗。

用比喻来说老师的考证文风，既像古代“老吏断狱”的爰书，又像现代科学发明的报告。

七、诗情和书趣

陈老师的考证文章，精密严格，世所习见。许多人有时发生错觉，以为这位史学家不解诗赋。这里先举一联来看：“百年史学推瓯北，万首诗篇爱剑南。”这是老师带有“自况”性质的“宣言”，即以本联的对偶工巧，平仄和谐，已足看出是一位老行家。其实不难理解，曾经应过科举考试的人，这些基本训练，不可能不深厚的。曾详细教导我关于骈文中“仄顶仄，平顶平”等等韵律的规格，我作的那本《诗文声律论稿》中的论点，谁知道许多是这位庄严谨饬的史学考据家所传授的呢？

抗战前他曾说过，自己六十岁后，将卸去行政职务，用一段较长时间，补游未到过的名山大川，丰富一下诗料，多积累一些作品，使诗集和文集分量相称。不料战争突起，都成了虚愿。

现在存留的诗稿有多少，我不知道，一时也无从寻找。最近只遇到《司铎书院海棠》诗的手稿残本绝句七首，摘录二首，以见一斑：

十年树木成诗谶，劝学深心仰万松。
今日海棠花独早，料因桃李与争秾。

自注：万松野人著《劝学罪言》，为今日司铎书院之先声。“十年树木”楹贴，今存书院。

功按：万松野人为英华先生的别号。先生字敛之，姓赫舍里氏，满族人，创辅仁社，即辅仁大学前身。陈垣先生每谈到他时，总称“英老师”。

西堂曾作竹枝吟，玫瑰花开玛窦林。
幸有海棠能嗣响，会当击木震仁音。

自注：尤西堂《外国竹枝词》：阜成门外玫瑰发，杯酒还浇利泰西。“击木震仁惠之音”，见《景教碑》。

功按：利玛窦，明人以“泰西”作地望称之，又或称之为“利子”。《景教碑》即唐代《景教流行中国碑》，今在西安碑林。

又在1967年时，空气正紧张之际，我偷着去看老师，老师口诵他最近给一位老朋友题什么图的诗共两首。我没有时间抄录，匆匆辞出，只记得老师手捋胡须念：“老夫也是农家子，书屋于今号励耘。”抑扬的声调，至今如在。

清末学术界有一种风气，即“经学讲《公羊》，书法学北碑”。陈老师平生不讲经学，但偶然谈到经学问题时，还不免流露公羊学的观点；对于书法，则非常反对学北碑。理由是刀刃所刻的效果与毛笔所写的效果不同，勉强用毛锥去模拟刀刃的效果，必致矫揉造作，毫不自然。我有些首《论书绝句》，其中二首云：“题记龙门字势雄，就中尤属《始平公》。学书别有观碑法，透过刀锋看笔锋。”“少谈汉魏怕徒劳，简牍摩挲未几遭。岂独甘卑爱唐宋，半生师笔不师刀。”曾谬蒙朋友称赏，其实这只是陈老师艺术思想的韵语化罢了。

还有两件事可以看到老师对于书法的态度。有一位退位的大总统，好临《淳化阁帖》，笔法学包世臣。有人拿着他的字来问写得如何，老师答说写得好。问好在何处，回答是“连枣木纹都写出来了”。宋代刻《淳化阁帖》是用枣木板子，后世屡经翻刻，越发失真。可见老师不是对北碑有什么偏恶，对学翻板的《阁帖》，也同样不赞成的。另一事是解放前故宫博物院影印古代书画，常由一位院长题签，写得字体歪斜，看着不太美观。陈老师是博物院的理事，一次院中的工作人员拿来印本征求意见，老师说：“你们的书签贴得好。”问好在何处，回答是：“一揭便掉。”原来老师所存的故宫影印本上所贴的书签，都被完全揭掉了。

八、无价的奖金和宝贵的墨迹

辅仁大学有一位教授，在抗战胜利后出任北平市的某一局长，从辅大的教师中找他的帮手，想让我去管一个科室。我去向陈老师请教，老师问：“你母亲愿意不愿意？”我说：“我母亲自己不懂得，教我请示老师。”又问：“你自己觉得怎样？”我说：“我‘少无宦情’。”老师哈哈大笑说：“既然你无宦情，我可以告诉你：学校送给你的聘书，你是教师，是宾客；衙门发给你的是委任状，你是属员，是官吏。”我明白了，立刻告辞回来，用花笺纸写了一封信，表示感谢那位教授对我的重视，又婉言辞谢了他的委派。拿着这封信去请老师过目。老师看了没有别的话，只说：“值三十元。”这“三十元”到了我的耳朵里，就不是银元，而是金元了。

1963年，我有一篇发表过的旧论文，由于读者反映较好，修改补充后，将由出版单位作专书出版，去请陈老师题签。老师非常高兴，问我：“你曾有专书出版过吗？”我说：“这是第一本。”又问了这册的一些方面后，忽然问我：“你今年多大岁数了？”我说：“五十一岁。”老师即历数戴东原只五十四，全谢山五十岁，然后说：“你好好努力啊！”我突然听到这几句上言不搭下语而又比拟不恰的话，立刻懵住了，稍微一想，几乎掉下泪来。老人这时竟像一个小孩，看到自己浇过水的一棵小草，结了籽粒，便喊人来看，说要结桃李了。现在又过了十七年，我学无寸进，辜负了老师夸张性的鼓励！

陈老师对于做文史教育工作的后学，要求常常既广且严。他常说做文史工作必须懂诗文，懂金石，否则怎能广泛运用各方面的史料。又说做一个学者必须能懂民族文化的各个方面；做一个教育工作者，常识更须广博。还常说，字写不好，学问再大，也不免减色。一个教师板书写得难看，学生先看不起。

老师写信都用花笺纸，一笔似米芾又似董其昌的小行书，永远那么匀称，绝不潦草。看来每下笔时，都提防着人家收藏装裱。藏书上的眉批和学生作业上的批语字迹是一样的。黑板上的字，也是那样。板书每行四五字，绝不写到黑板下框处，怕后边坐的学生看不见。写哪些字，好像都曾计划过的，但我却不敢问“您的板书还打草稿吗？”后来无意中谈到“备课”问题，老师说:“备课不但要准备教什么，还要思考怎样教。哪些话写黑板，哪些话不用写。易懂的写了是浪费，不易懂的不写则学生不明白。”啊！原来黑板写什么，怎样写，老师确是都经过考虑的。

老师在名人字画上写题跋，看去潇洒自然，毫不矜持费力，原来也一一精打细算，行款位置，都要恰当合适。给人写扇面，好写自己作的小条笔记，我就求写过两次，都写的小考证。写到最后，不多不少，加上年月款识，印章，真是天衣无缝。后来得知是先数好扇骨的行格，再算好文词的字数，哪行长，哪行短。看去一气呵成，谁知曾费如此匠心呢？

我在1964、1965年间，起草了一本小册子，带着稿子去请老师题签。这时老师已经病了，禁不得劳累。见我这一叠稿子，非看不可。但我知道他老人家如看完那几万字，身体必然支持不住，只好托词说还须修改，改后再拿来，先只留下书名。我心里知道老师以后恐连这样书签也不易多写了，但又难于先给自己订出题目，请老师预写。于是想出“启功丛稿”四字，准备将来作为“大题”，分别用在各篇名下。就说还有一本杂文，也求题签。老师这时已不太能多谈话，我就到旁的房间去坐。不多时间，秘书同志举着一叠墨笔写的小书签来了，我真喜出望外，怎能这样快呢？原来老师凡见到学生有一点点“成绩”，都是异常兴奋的。最痛心的是这个小册，从那年起，整整修改了十年，才得出版，而他老人家已不及见了。

现在我把回忆老师教导的千百分之一写出来，如果能对今后的教育工作者有所帮助，也算我报了师恩的千百分之一！我现在也将近七十岁了，记忆力锐减，但“学问门径”“受用无穷”“不对”“不是”“教师”“官吏”“三十元”“五十岁”种种声音，却永远鲜明地在我的耳边。

老师逝世时，是1971年，那时还祸害横行，纵有千言万语，谁又敢见诸文字？当时私撰了一副挽联，曾向朋友述说，都劝我不要写出。现在补写在这里，以当“回向”吧！

依函丈卅九年，信有师生同父子；

刊习作二三册，痛余文字答陶甄！

启功（1912—2005），字元白，又作元伯，满族，北京人。当代著名教育家、古典文献学家、书画家、文物鉴定家、诗人。从戴绥之先生（姜福）学古文辞章，又曾从师学画，后受业于陈援庵先生（垣），获闻学术流别和考证之学。曾执教于辅仁中学、大学，后执教于北京师范大学。曾兼任中央文史研究馆馆长、国家文物鉴定委员会主任委员、中国书法家协会名誉主席、西泠印社社长等。主要著作有《古代字体论稿》《诗文声律论稿》《汉语现象论丛》《论书绝句》《论书札记》《说八股》《启功书画留影册》。主要著作和书画作品后收入《启功全集》。

第二学期

第四十六課

黑板　立　粉

黑板前
先生立
持粉筆
寫白字

國文教科書　第一冊

三六

初等小學學生用

《女子国文教科书》

商务印书馆（1912）

戴克敦 等编纂　高凤谦 张元济 校订

第 1 周

星期一	
星期二	
星期三	
星期四	
星期五	
星期六	
星期日	

第 2 周

	星期一
	星期二
	星期三
	星期四
	星期五
	星期六
	星期日

第3周

星期一	
星期二	
星期三	
星期四	
星期五	
星期六	
星期日	

第 4 周

	星期一
	星期二
	星期三
	星期四
	星期五
	星期六
	星期日

第5周

星期一	
星期二	
星期三	
星期四	
星期五	
星期六	
星期日	

第6周

	星期一
	星期二
	星期三
	星期四
	星期五
	星期六
	星期日

第 7 周

星期一	
星期二	
星期三	
星期四	
星期五	
星期六	
星期日	

第8周

星期一

星期二

星期三

星期四

星期五

星期六

星期日

第9周

星期一	
星期二	
星期三	
星期四	
星期五	
星期六	
星期日	

第 10 周

星期一

星期二

星期三

星期四

星期五

星期六

星期日

第 11 周

星期一	
星期二	
星期三	
星期四	
星期五	
星期六	
星期日	

第12周

	星期一
	星期二
	星期三
	星期四
	星期五
	星期六
	星期日

第 13 周

星期一	
星期二	
星期三	
星期四	
星期五	
星期六	
星期日	

第 14 周

	星期一
	星期二
	星期三
	星期四
	星期五
	星期六
	星期日

第15周

星期一	
星期二	
星期三	
星期四	
星期五	
星期六	
星期日	

第 16 周

	星期一
	星期二
	星期三
	星期四
	星期五
	星期六
	星期日

第 17 周

星期一	
星期二	
星期三	
星期四	
星期五	
星期六	
星期日	

第 18 周

	星期一
	星期二
	星期三
	星期四
	星期五
	星期六
	星期日

第19周

星期一	
星期二	
星期三	
星期四	
星期五	
星期六	
星期日	

第 20 周

星期一

星期二

星期三

星期四

星期五

星期六

星期日

第21周

星期一	
星期二	
星期三	
星期四	
星期五	
星期六	
星期日	

第22周

	星期一
	星期二
	星期三
	星期四
	星期五
	星期六
	星期日

第 23 周

星期一	
星期二	
星期三	
星期四	
星期五	
星期六	
星期日	

第24周

	星期一
	星期二
	星期三
	星期四
	星期五
	星期六
	星期日

第十四課

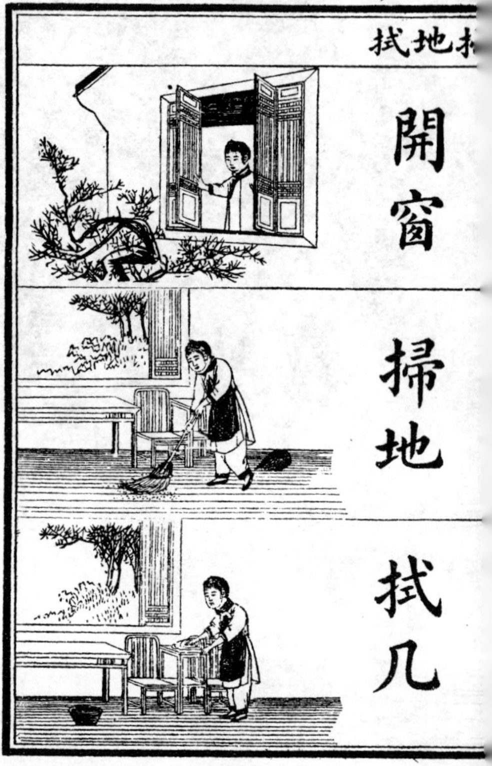

《女子国文教科书》
商务印书馆（1912）
戴克敦 等编纂　高凤谦 张元济 校订

第十四課

天　明　出　起

天明
日出
人起

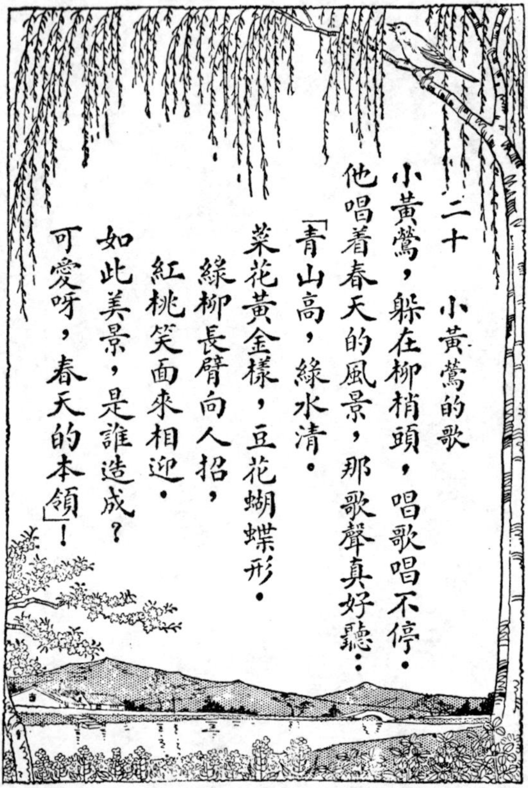

二十　小黃鶯的歌

小黃鶯，躲在柳梢頭，唱歌唱不停。
他唱着春天的風景，那歌聲真好聽：
「青山高，綠水清。
菜花黃金樣，豆花蝴蝶形。
綠柳長臂向人招，
紅桃笑面來相迎。
如此美景，是誰造成？
可愛呀，春天的本領」！

國語課本　32

《复兴国语课本》（初小用）

商务印书馆（1934）

陈伯吹 等编校

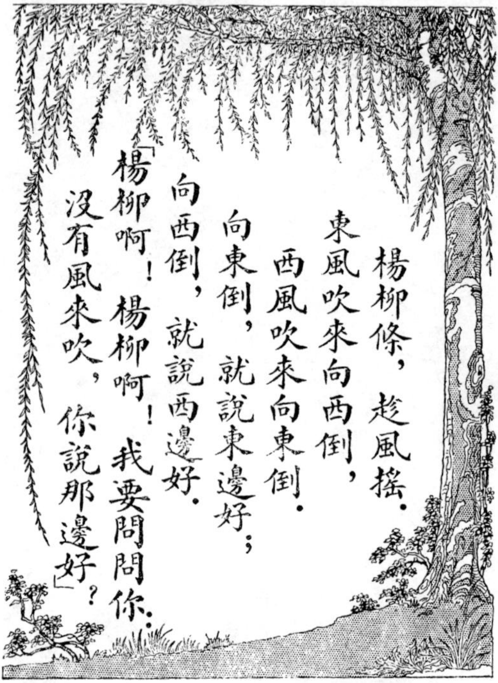

楊柳條，趁風搖．
東風吹來向西倒，
西風吹來向東倒．
向東倒，就說東邊好；
向西倒，就說西邊好．
「楊柳啊！楊柳啊！我要問問你．
沒有風來吹，你說那邊好」？

楊ㄧㄤˊ 柳ㄌㄧㄡˇ 條ㄊㄧㄠˊ 趁ㄔㄣˋ 邊ㄅㄧㄢ　啊ㄚ

《复兴国语教科书》（初小用）
商务印书馆（1933）
沈百英 沈秉廉 编著　王云五 何炳松 校订

二十六　幫助做事

來來來！不要走！
大家伸出兩隻手。
哥哥幫助爸爸，種菜種豆。
姐姐幫助媽媽，打油打酒。
妹妹幫助我，趕雞趕狗。
大家伸出兩隻手，
幫助做事不要走。

《复兴国语课本》（初小用）
商务印书馆（1934）
陈伯吹 等编校

秧秧長二三寸。高出水面。分列成行。是為秧針。

第五十一課

米

《共和国教科书新国文》（初小用）
商务印书馆（1912）
庄俞 沈颐 编纂　高凤谦 张元济 校

遷　竟餓　夕　注　笠

而眠。不復捕鼠。久之。主人遷居。未擕貓去。貓以不能捕鼠。竟餓死。

第五十課　插秧

自朝至夕。大雨如注。田水驟滿。天晴。農夫戴笠跣足。入田插

商務印書館印行

十二　春天到

春天到　春天到

春天真正好

樹上開紅花

地上長綠草

小蟲飛　小鳥叫

大家歡迎春天到

《国语读本》

商务印书馆（1936）

国立编译馆 编辑

第二十五課

四　桑葉綠　提筐　往採

三四月
桑葉綠
手提筐
往採桑

《女子国文教科书》
商务印书馆（1912）
戴克敦 等编纂　高凤谦 张元济 校订

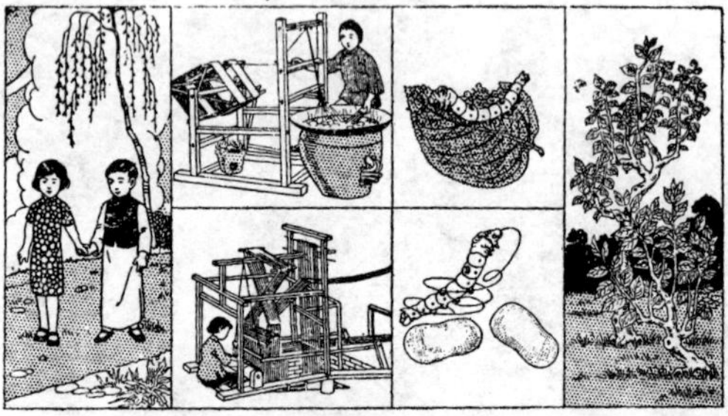

家桑低，野桑高，

桑樹枝上桑葉少．

「桑葉呢？」「給蠶吃了．」

「蠶呢？」「做繭了．」

「繭呢？」「抽絲了．」

「絲呢？」「織綢了．」

「綢呢？」「做衣裳了．」

「衣裳呢？」「給人穿了．」

低ㄉㄧ 蠶ㄘㄢˊ 繭ㄐㄧㄢˇ 抽ㄔㄡ 絲ㄙ 織ㄓ

《复兴国语教科书》（初小用）
商务印书馆（1933）
沈百英 沈秉廉 编著　王云五 何炳松 校订

春風暖，天氣好，
小朋友，齊來放紙鷂：
有的紙鷂大，
有的紙鷂小，
一、二、三，齊把紙鷂向上拋．
牽着長線快快跑，
跑得快，升得高．
大家看着微微笑．

《复兴国语课本》（初小用）

商务印书馆（1934）

陈伯吹 等编校

第十六課

童　竿　繫餌釣吞　絲動　舉得

一童子在河旁

手持小竿

繫餌釣魚

魚來吞餌

釣絲一動

舉竿得魚

商務印書館印行

《共和国教科书新国文》（初小用）

商务印书馆（1912）

庄俞 沈颐 编纂　高凤谦 张元济 校

第十五課

種　林　春　筍　土　外　籜　遂

種竹成林　春時生筍　筍初出土　外有籜　籜解葉生　遂成新竹

共和國教科書新國文　第二冊　八　初等小學校用（秋季）

《共和国教科书新国文》（初小用）

商务印书馆（1912）

庄俞 沈颐 编纂　高凤谦 张元济 校

拍螢火蟲 一面拍
一面唱
螢火蟲 螢火蟲
飛到西 飛到東
快快飛進小瓶中
給我做盞小燈籠

《国语读本》
商务印书馆（1936）
国立编译馆 编辑

三十二 唱歌

小華說 我來唱一個歌

春季裏 桃花開

夏季裏 荷花開

秋季裏 菊花開

冬季裏 梅花開

四季都有好花開

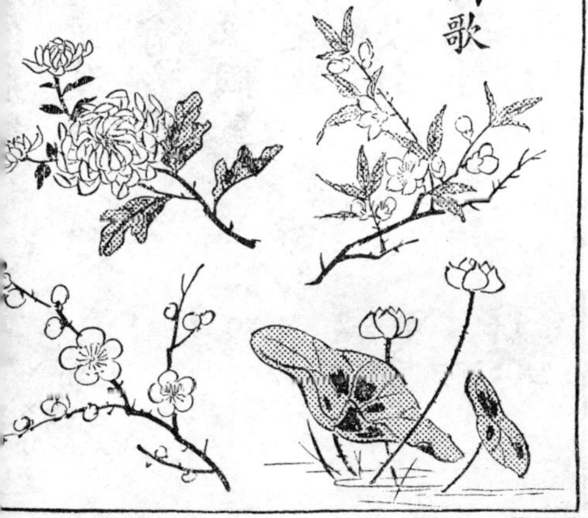

什麼蟲飛來像飛機
什麼蟲飛來像隻釘
什麼蟲飛來嗡嗡叫
什麼蟲飛來像個星

小明唱

蜻蜓飛來像飛機
蚊蟲飛來像隻釘
蜜蜂飛來嗡嗡叫
螢火蟲飛來像個星

《国语读本》

商务印书馆（1936）

国立编译馆 编辑

小華對小明說
你唱的歌真好聽
我們再來唱個問答歌
小明說 好
你先唱 我後唱
你問什麼 我就答什麼

奇異　惟　終

其奇異者
能為人言
惟不知書
故終不如人
人不讀書
則與禽獸何異

最新國文教科書　第二册　十　初等小學堂課本

《最新国文教科书》

商务印书馆（1904）

蒋维乔 庄俞 编纂　高凤谦 张元济 校订

禽獸　營

第十一課

讀書

飛禽走獸

飢知食

渴知飲

能營巢穴

商務印書館印行

烏鴉飛到田裏，要吃麥。
農人做了一面旗，插在田裏趕烏鴉。
烏鴉不怕旗，還要飛來吃。
農人做了一個草人，插在田裏趕烏鴉。
烏鴉不怕草人，還要飛來吃。
農人在草人的手裏，掛了兩把扇子。
扇子趁着風，飄來飄去。
烏鴉當是真的人，不再飛來了。

麥ㄇㄞˋ　面ㄇㄧㄢˋ　插ㄔㄚ　趕ㄍㄢˇ　扇ㄕㄢˋ　飄ㄆㄧㄠ

《复兴国语教科书》（初小用）
商务印书馆（1933）
沈百英 沈秉廉 编著　王云五 何炳松 校订

第四十七課

微吹

荷葉綠

荷花紅

微風吹

香滿船

《女子国文教科书》

商务印书馆（1912）

戴克敦 等编纂　高凤谦 张元济 校订

第四十七課

荷塘乘船

花園旁．
有荷塘
我乘船
去採荷

商務印書館印行

件ㄐㄧㄢ　最ㄗㄨㄟ　緊ㄐㄧㄣ　獸ㄕㄡ

一　讀書

哥哥問弟弟道：「你要讀書麽？」弟弟答道：「我很要讀書。」哥哥道：「很好，讀書是一件最要緊的事。」

二　鳥獸

《新体国语教科书》

商务印书馆（1920）

庄适 编纂　黎锦熙 等校订

適經舅敲借傘　疾

兄弟自校中歸。路遇大雨。衣盡溼。適經舅家。敲門借傘。舅見之。急攜入室。曰。「溼衣在身。將生疾病。」取衣令易之。

商務印書館印行

《共和国教科书新国文》(初小用)

商务印书馆(1912)

庄俞 沈颐 编纂　高凤谦 张元济 校

瓣　屈　曲　螃　蟹　插　簽　楓

像毬，有的像盤子；有的花瓣屈曲，和螃蟹的腳爪差不多。每盆插一枝竹簽，上面寫著各種花名。

十七　畫楓葉

姊妹兩箇，放學出來，在路上看見一棵楓樹，滿樹的紅葉子；有幾

片　拾　鉛　松　柏

片落在地上。妹妹揀一片大的，拾起來夾在書裏，帶回家去，用紅鉛筆照著，畫了一片。姊姊見了，道：「像得很，像得很。」

十八　松樹柏樹

松樹，柏樹，多半生在山上。樹身都很高；松葉長，柏葉短。旁的樹葉，大抵經不起

《新体国语教科书》

商务印书馆（1920）

庄适 编纂　黎锦熙 等校订

謊　改　桂

麼可以說謊。光從此改過，到老不說謊。

十五　桂樹

我家有兩棵桂樹，聽得母親說，這桂樹是生我的那一年，父親買來，種在院子裏的，所以我名叫桂生。現在

菊　盆　紫

我已經長大，進學校讀書，桂樹也長得比前高，花也開得多了。

十六　菊花

春天種幾盆菊花，現在開花了。他的顏色，黃，白，紅，紫，各不相同。他的形狀，有的

二十　感謝

他紡織，你裁縫，勤勉地做工。
紡織裁縫成衣服，衣服供人用。
我要感謝你們，為人類辛苦勞動！

他耕種，你收穫，勤勉地做工。
耕種收穫得米麥，米麥供人用。
我要感謝你們，為人類辛苦勞動！

他計畫，你建築，勤勉地做工。
計畫建築蓋屋子，屋子供人用。
我要感謝你們，為人類辛苦勞動！

他製造，你駕駛，勤勉地做工。
陸地有車水有舟，舟車供人用。
我要感謝你們，為人類辛苦勞動！

舟ㄓㄡ 駛ㄕˇ 駕ㄐㄧㄚˋ 製ㄓˋ 築ㄓㄨˊ　穫ㄏㄨㄛˋ 類ㄌㄟˋ 供ㄍㄨㄥ

《复兴国语教科书》（初小用）
商务印书馆（1933）
沈百英 沈秉廉 编著　王云五 何炳松 校订

語　國　　2

《国语读本》

商务印书馆（1936）

国立编译馆 编辑

第三十九課

蒲艾插　香

蒲與艾
插門前
蒲葉長
艾葉香

女子國文教科書　第一冊　三八　初等小學學生用

《女子国文教科书》
商务印书馆（1912）
戴克敦 等编纂　高凤谦 张元济 校订

第三十九課

名　端　榴　朵

五月五　名端午

石榴花

朵朵紅

商務印書館印行

十七　蜘蛛做網

蜘蛛做網，網才做好，
一陣風吹來，把網吹破了.
蜘蛛又做一個網，網才做好，
一陣雨打來，把網打破了.
蜘蛛不怕風，也不怕雨，
再做一個網.風停了，
雨停了，蜘蛛在網裏睡覺.

《复兴国语课本》(初小用)
商务印书馆(1934)
陈伯吹 等编校

植 圍 豎 循周奪返

圈夾植短杆
圍以長繩。旁
豎紅旗。五人
並立。先生執
旗立於側。舉手一揮。五人競走。
循圈三周。先至者。奪紅旗而返。

共和國新國文 第四冊 二十四 初等小學校用(乙種)

《共和国教科书新国文》(初小用)

商务印书馆(1912)

庄俞 沈颐 编纂　高凤谦 张元济 校

獲

常習之。必能獲益。」伍生從之。身體漸健。

第四十三課

奪旗競走

諸生集體操場。畫地為大

第二十八課

與　作新　內短

母與女

作新衣

內衣短

外衣長

第一冊

初等小學學生用

《女子国文教科书》

商务印书馆（1912）

戴克敦 等编纂　高凤谦 张元济 校订

第二

能　舞　看　聽

母親。我能舞。我能唱。請看。請聽。

商務印書館印行

《单级国文教科书》

商务印书馆（1913）

庄适 郑朝熙 编纂　陈宝泉 等校订

第四

老烏　飢　啞啼　覓　哺

老烏飢。啞啞啼。小烏覓食。哺老烏。

《单级国文教科书》

商务印书馆（1913）

庄适 郑朝熙 编纂　陈宝泉 等校订

夏天好！夏天好！
果兒熟，瓜兒老；
楊柳樹，趁風搖；
梧桐樹，樹蔭高。
樑上燕子愛唱歌；
檐前雀兒會舞蹈。
池中魚兒穿銀甲，
得意洋洋出水跳。
夏天好！夏天真正好！

熟ㄕㄡˊ　檐ㄧㄢˊ　蹈ㄉㄠˋ　銀ㄧㄣˊ　甲ㄐㄧㄚˇ　洋ㄧㄤˊ

《复兴国语教科书》（初小用）
商务印书馆（1933）
沈百英 沈秉廉 编著　王云五 何炳松 校订

兒 忽 聽 敲 連 忙 笑 練

兩箇兒子,這時候應該回來了,忽聽得敲門的聲音,連忙走出,開門一看,笑著說道:「你們回來了.」

練習一

《新体国语教科书》
商务印书馆(1920)
庄适 编纂　黎锦熙 等校订

公　早　盼望

學校放課，哥哥，弟弟，一同回家。弟弟要到公園裏去頑耍；哥哥道：「時候已經不早，怕母親盼望，趕緊回去罷。」

打　雀　紛　粒

乾農夫農婦入場打麥。

第四十六課　逐雀

紅日將下。打麥已完。小雀一羣。紛集場上。覓食餘粒。數童子立

《共和国教科书新国文》（初小用）
商务印书馆（1913）
庄俞 沈颐 编纂　高凤谦 张元济 校

麥　交　鐮　割　曬

第四十五課　打麥

麥有多種。大麥小麥。尤為常食之品。春夏之交。大麥先熟。小麥後熟。熟時。持鐮刀割之。曬於場中。既

十三　許多星和許多萍

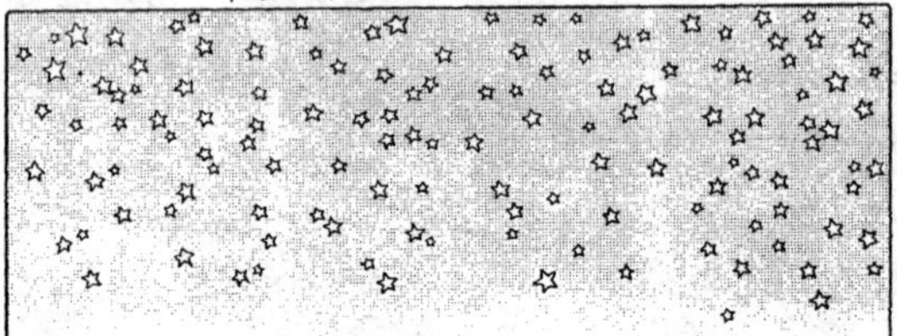

天上星，點點明；
湖中萍，張張青。
這許多星，許多萍，
憑誰大本領，
把他來數清。
誰能數得清，
賞個盤兒盛紅菱；
要是數不清，
罰他獨採三盤菱。

《复兴国语课本》（初小用）

商务印书馆（1934）

陈伯吹 等编校

（二）

小朋友
手拉手
一同唱歌一同走
小朋友
手拉手
大家都是好朋友

《国语读本》

商务印书馆（1936）

国立编译馆 编辑

十 唱歌

先生說

我們來唱歌

(一)

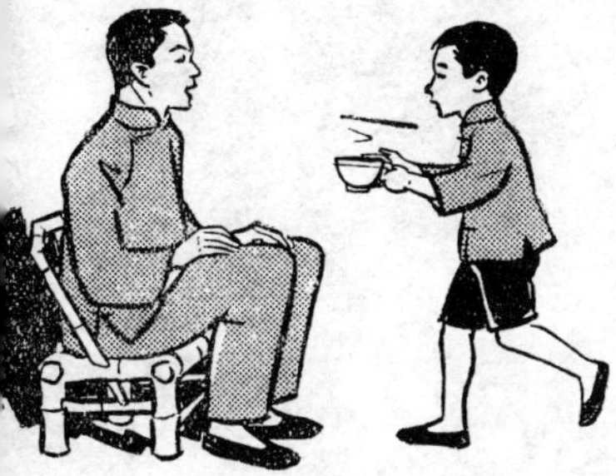

小椅子 拿一把

我請爸爸來坐下

爸爸坐下不要走

我請爸爸喝杯茶

放了學,同玩耍.
有一個小孩子,蹲在大樹下,
堆沙塔.沙少堆不成,
急得沒辦法.
小青看見了,忙說:
「讓我們去幫助他」.
大家聽了,都去拿沙.
你一把,我一把,他一把,
一同堆成一個大沙塔.

《复兴国语课本》(初小用)
商务印书馆(1934)
陈伯吹 等编校

六　明天再會

放學了　大家排隊
短的在前　長的在後
整整齊齊
走出校門　大家說
明天再會　明天再會

《国语读本》
商务印书馆（1936）
国立编译馆 编辑

小小東西
白肉黃衣
生在田裏
住在倉裏
人人少不了你
這是什麼
小明猜不出 叫小華猜
小華說 這是穀

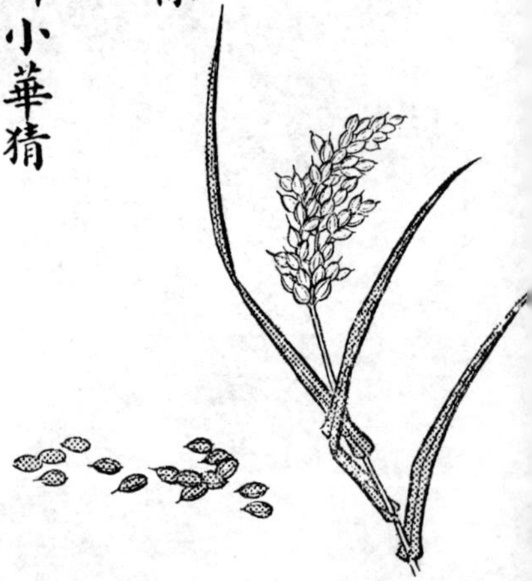

國語

《国语读本》
商务印书馆（1936）
国立编译馆 编辑

三十一　猜謎

晚上　小明小華和姊姊
在場上乘涼
姊姊叫小明猜謎　姊姊說
腳像扇子
嘴像鏟子
走起來搖搖擺擺
叫起來呷呷呷呷
這是什麼

3　　第一册

《国语读本》

商务印书馆（1936）

国立编译馆 编辑

雞 ㄐㄧ　菜 ㄘㄞ　已 ㄧ 經 ㄐㄧㄥ　賣 ㄇㄞ　滿 ㄇㄢ

雞叫了！

天明了！

賣菜的人，

已經滿街了！

《新体国语教科书》

商务印书馆（1920）

庄适 编纂　黎锦熙 等校订

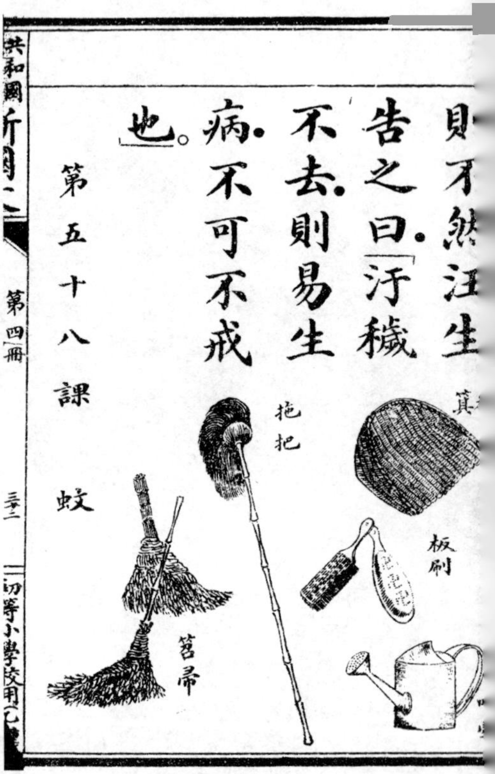

共和國新國文二 第四冊 三十二 初等小學校用(乙種)

則不然汪生告之曰「汙穢不去則易生病不可不戒也」

第五十八課 蚊

《共和国教科书新国文》（初小用）
商务印书馆（1913）
庄俞 沈颐 编纂　高凤谦 张元济 校

汪　浣　淨　蔡

訓。漸以謹慎聞。

第五十七課　潔淨

汪生好潔。髮常梳。身常浴。衣服常浣。室中亦甚潔淨。其友蔡生

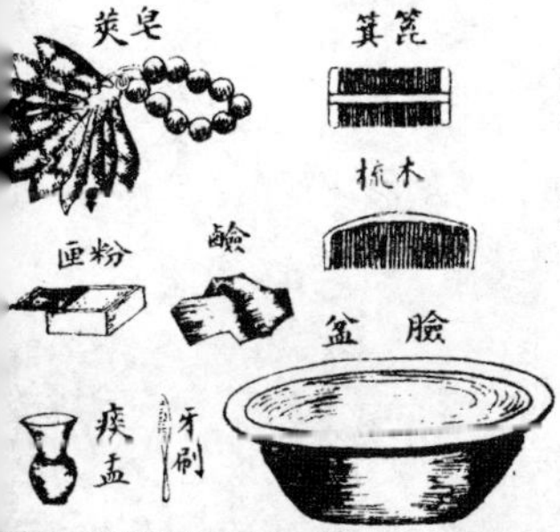

第四十九課

正　蜻蜓　雲

日正午

蜻蜓飛

黑雲起

大雨來

《女子国文教科书》
商务印书馆（1912）
戴克敦 等编纂　高凤谦 张元济 校订

第五十課

讀 將半 熱暑假温

姊與妹
在學堂
同讀書
將半年
天氣熱
回家去
放暑假
温功課

《女子国文教科书》

商务印书馆（1912）

戴克敦 等编纂　高凤谦 张元济 校订

策　　划 / 李　节
图文选编 / 阿　庐
尹逊才
责任编辑 / 李　节
装帧设计 / 李杨桦

图书在版编目(CIP)数据

教学记　周记本/《教学记　周记本》编写组选编. —北京:商务印书馆,2017
ISBN 978-7-100-15088-0

Ⅰ.①教…　Ⅱ.①教…　Ⅲ.①教育工作—本册
Ⅳ.①G51

中国版本图书馆 CIP 数据核字(2017)第 197310 号

教学记　周记本

本书编写组　选编

商务印书馆出版
(北京王府井大街 36 号　邮政编码 100710)
商务印书馆发行
北京市十月印刷有限公司印刷
ISBN 978-7-100-15088-0

2017 年 9 月第 1 版　　开本 787×1092　1/32
2017 年 9 月北京第 1 次印刷　　印张 12¾

定价:59.00 元

第四十八課

功課完回

功課完　放學回

女隨母

去乘涼

商務印書館印行

第四十九課

已　枝　蟬鳴

雨已晴
夕陽明
柳枝上
有蟬鳴